新世说

王春瑜 著

海天出版社
·深圳·

图书在版编目（CIP）数据

新世说 / 王春瑜著. — 深圳 : 海天出版社,
2019.4
　（王春瑜文史精华）
　ISBN 978-7-5507-2601-7

Ⅰ.①新… Ⅱ.①王… Ⅲ.①杂文集－中国－当代②
随笔－作品集－中国－当代 Ⅳ.①I267.1

中国版本图书馆CIP数据核字(2019)第019663号

新 世 说
XIN SHI SHUO

出 品 人	聂雄前
出版策划	于志斌
责任编辑	韩海彬
责任技编	梁立新
责任校对	万妮霞
内文插画	叶春旸
装帧设计	龙瀚文化

出版发行	海天出版社
地　　址	深圳市彩田南路海天综合大厦（518033）
网　　址	www.htph.com.cn
订购电话	0755-83460397（批发）0755-83460239（邮购）
排版制作	深圳市龙瀚文化传播有限公司　0755-33133493
印　　刷	深圳市新联美术印刷有限公司
开　　本	787mm×1092mm　1/32
印　　张	8
字　　数	153千
版　　次	2019年4月第1版
印　　次	2019年4月第1次
定　　价	42.00元

王春瑜漫画像　丁聪画

王春瑜漫画像　叶春旸画

·序·

何满子

　　以三言两语、短小精悍的篇幅指摘时弊的讽刺文体，在现代文学中的首创者，当是鲁迅的"小杂感"。这是名实相副的真正意义上的匕首和投枪，其效果有时常在长篇大论之上，太史公所谓"言谈微中"，可以当之。

　　这种文体的上品，是俏皮而不油滑，切忌插科打诨；直薄所指而含蓄蕴藉，意近旨远故颇耐唱叹；切中肯綮而要言不烦，绝不含糊枝蔓。当然，更重要的是，虽然兴观群怨无所不可，但最忌用"假嗓子"唱歌。

　　应该说，操作这一文体并不容易。近年来不乏这一文体的作品，但经得起讽诵的不多。我自己也曾尝试这种文体，上世纪九十年代曾为上海《漫画世界》杂志作了七八年的《拟〈无花的蔷薇〉》，颇知个中甘苦，在多达四百五十多则的篇目中，能满自己的意的也属寥寥。因此，每读到王春瑜兄的这类短制，常感佩其机趣。虽然说实话，并非篇篇皆属上选，但都言

之有物，直抒感慨，绝少自衒才情哗众取宠之弊。王兄侧重于
对当前文化现象中弊端的批判，尤合于时务之急，每觉其言我
之欲言，常向文友推荐其中的佳篇。现在王兄将历年所作结集
出版，我既祝贺其丰硕的成果，又希望这些文字的速朽。鲁迅
说，指摘时弊的文字应该和时弊一同消灭。如果这些文字葆有
生命，就说明时弊已成痼疾，岂不可悲？愿申此意，并以王兄的
作品为世道隆替的验证。是为序。

2004年元月，上海

陆放翁有诗曰："勿言牛老行苦迟，我今八十耕犹力。"读此诗，我感到特别亲切。我属牛，今年刚好八十。童年乡居，曾与牛同居一屋（敝乡直呼牛屋），深夜，老牛之叹息声，令我心酸。一九五八年，大刮"共产风"，邻村一位生产队长，仅付五元所谓解绳费，即将牛牵走。家母长叹一声，对牛说：老牛，从此你不姓王，姓公了！老牛听了，顿时泪如雨下，家母连连叹息，家父赶忙又喂了老牛一些草料，才只好与它依依惜别。我珍视、眷恋老牛，颜书斋曰老牛堂，遂请王元化前辈书匾，悬于书房，朝夕相对。时时告诫自己，毋忘老牛之朴实、韧性精神，耕耘不止。

感谢深圳海天出版社，将不才四本旧作《续封神》《漂泊古今天地间》《看了明朝就明白》《新世说》重印。这四本书，与我的其他书一样，都是我在老牛堂辛勤耕耘的结果。今后，我当继续耕耘，与读者共享"稻花香里说丰年"的喜悦。

2017年中秋节后第三天
于老牛堂

·目录·

阿Q千秋

　　著名小麦专家金善宝教授百岁诞辰时，电视台记者前往采访，询及长寿之道，老先生曰：我是阿Q崇拜者。在极左年代曾历经坎坷之诗人公刘则愤激语曰："中国人倘没有一点阿Q精神，还能活下去吗？！"余友某，史学家也，十年动乱中，遭"四人帮"迫害，数陷囹圄，但重见天日后，却未见衰老状，举手投足，依然豪放，人皆异之。此公曰："我在囚室，抬头不见北斗星，但抬头即见司马迁，每思及他老人家惨遭腐刑，而我却完好无损，将来'机关'照样'办公'，夫复何求！其余尚有何事不能咬牙忍受哉？"有位史家撰有《阿Q族谱考略》文，历数千百年前之阿Q先辈，并在文中惊叹：阿Q虽未与其苦恋之吴妈结婚，却又哲嗣绵延不绝，"真乃斯亦奇矣！"如此看来，倘喊阿Q不朽，未免那个；若说阿Q千秋，则显属实至名归。正是：

　　　沧桑神州，阿Q千秋——
　　　幸也不幸？毋庸深究。

（原载《文汇读书周报》1996年6月1日）

马桶学者

　　亡友马雍教授曾与余侃马桶与文化掌故，余所知者，均来源于书本，马兄长我数岁，走南闯北，博闻多见，所述有极可笑者。

　　如：湘潭有学者某，乃其父执，终日手不释卷。晨起，即在院中置马桶一，小几一，几上置香茶一杯，糖果瓜子数碟，然后边方便，边饮茶，边用小吃，边读书。余闻之捧腹，曰："据记载，欧阳修作文，巧思多得之于上马桶时。但欧阳修之清福，不逮此公远矣。"马兄拊掌以为然。正是：

　　　　晨雾朦胧，朝霞正红。
　　　　"马"上治学，何其从容。

　　　　　　　　　　（原载《文汇读书周报》1996年9月7日）

当仁不让

　　某著名史学家，曾至某大学历史系作学术报告。该系系主任作开场白曰："今天我们很荣幸地请到著名历史学家某教授给我们作学术报告，大家鼓掌！"掌声雷动。细心人察觉，某教授闻及"著名历史学家"时，顿时不悦，但旋即强作欢颜，开始报告。此公素以擅作长报告闻名，无四小时，绝不罢休。众皆知尊老敬贤，乃我民族传统美德，故均强打精神，耐心听完。系主任按例作闭幕词，曰："让我们再一次热烈鼓掌，感谢著名历史学家某教授给我们作了这样精彩的报告！"掌声虽不热烈，但毕竟再度响起。听者如释重负，纷纷站起退场。不料此公立刻站起，正言厉色道："请诸位坐下，我还有话说！著名历史学家——有著名封建主义史学家，有著名资产阶级史学家，有著名马克思主义史学家，我是著名马克思主义史学家！"众人闻之，甚感惊诧，散会后，咸窃窃私语曰："马克思主义史学家可自封乎？"余闻之不然，作赞曰：

表壮里壮，实乃好样。

马列自诩，当仁不让！

（原载《文汇读书周报》1996年9月7日）

重拾荒城

　　著名学者某，近正创作长篇小说《重拾荒城》，风格酷肖《围城》。余有幸得睹其中一节，述及青年张山、李斯领结婚证已逾二载，却相约均考取职工夜大后，始完婚。天可怜见，是年秋，双方均接到夜大录取通知书，当夜即入洞房。洞房花烛夜，人生极乐时。此公描写道："他们继续考试……先做的问答题，似乎有些漫不经心，后做的填充题，就很投入了……"余以为，若非大学者，不能有此绝妙文字也。现特抄出，聊博读者一笑。正是：

　　　　重拾荒城，播雨耕云。
　　　　何日完稿？卓尔不群。

　　　　　　　　　（原载《文汇读书周报》1996年9月7日）

大题小作

　　近日报载：作家刘绍棠先生赴宴，有女歌手请其点歌，并自称各种歌俱会。刘绍棠遂正色曰：国歌，你会唱吗？我就点这首歌。女歌手答曰：不会。刘遂义正辞严曰：你连国歌都不会唱，还唱什么歌！消息不胫而走，各报竞相转载，似乎刘绍棠多么重视国歌，其爱国热忱，无处不在，足为世人风范。但不才心有戚戚焉：堂堂国歌，乃铸我民族魂之歌也！岂容在宴席、卡拉OK厅随意点唱？退一万步言之，在美味佳肴前，或酒醉饭饱后，闻"起来，不愿做奴隶的人们"，果能开胃口，助消化？或毋忘在公款吃喝之余，一抒爱国情怀？真乃不可思议也！装腔作势，断非精神文明，媒体何必"曲儿小，腔儿大"，一再鼓吹。另有一事，亦令人纳闷：某剧作家下海，贺客如云，其中一位剧作家贺词曰："起来，饥寒交迫的奴隶，把我们的血肉，筑成我们新的商城。""长"改为"商"，也许不失为神来之笔，能博得某些人的一笑。但巧则巧矣，将国歌歌词与国际歌歌词重组，其庄严性又置于何地？倘竞相效尤，当非好事。正是：

大题小作漫自夸，装腔作势有名家。

劝君何必建蜃楼？不如省力修篱笆。

（原载《文汇读书周报》1997年1月4日）

冬天童话

　　大诗人海涅著《德国，一个冬天的童话》，享誉世界文坛。十几年前，遇罗锦著《一个冬天的童话》，也曾轰动一时。此皆文学作品也，不足为怪。令人称奇者，在茫茫神州，大千世界中，冬天的童话层出不穷，却是活生生现实。不才近日收到一位读者来信，信封署曰：《中华荟萃人才》之一、入典《世界杰出人才》之×××。展读之下，令我惭愧万分，如此杰出人士，不才过去竟一无所知，实在孤陋寡闻。尽管年年发大水，亦有旱灾，各种名人竟然恰似雨露滋润禾大壮，"遍地英雄下夕烟"，令人目不暇接。平地一阵烟，突然冒出个"郭沫若的得意门生"，被小报炒得沸沸扬扬，而知情者几乎笑掉大牙，是又一例也。名人如此，凡人又如何？《劳动报》1996年10月7日载：9月6日重庆至广州的141号车厢内，五名歹徒挨个搜旅客钱财，所有旅客或拱手掏钱，或呆坐候宰。《文摘报》转载此文，标题鲜明，令人难忘："歹徒抢劫，二百旅客无人反抗；无人指认，首恶土匪逃之夭夭。"余性也愚，大惑不解：1996年乃鼠年，奈何胆怯的兔子越来越多？正是：

冬天童话亦何多，犹似风吹野山坡。

金盆狗矢添笑料，人海无日不风波。

（原载《文汇读书周报》1997年1月4日）

穷博士

　　元末明初的绍兴诗人张宪，有《咏穷博士》诗一首，读来耐人寻味。诗曰："五日张京兆，犹能故杀人。一年穷博士，不救归装贫。深冬未衣絮，坐席长凝尘。愁吟苍蝇叫，怒作蛤蟆嗔。冷拨豆秸火，倦卧黄茅茵。饥来捕雀鼠，梦里骑麒麟。不知贫作祟，犹道诗有神。……"（《玉笥集》卷5）穷博士的窘困、无奈，令人同情，更令人浩叹。由此我们可以知道，博士一词，并非舶来品，是我们的本地产。其实，若溯其源，秦朝已有文官博士，"掌通古今"，汉代设五经博士，都由德才兼备的学者担任。元朝末年，政治腐败，知识贬值，致使堂堂博士，斯文扫地，惨到衣不暖体、食不果腹的地步。文运、国运，从来是互为表里的，元末文运如此，难怪大元帝国很快就"忽喇喇似大厦倾"了！

　　近百年来，博士在我国行情看涨，属于"吃香喝辣"的"肉食"阶层。其根本原因，这些博士非留学东洋，即留学西洋，有了洋气，也自然就有了财气，因此《围城》里不学无术、在国外瞎混的方鸿渐，归国前，千方百计买个博士文

凭，归国后，果然风光了一阵。20世纪80年代以来，我国自己培养博士，英才辈出，在一些领域，完全超过了西方的博士水平，这真是一件大好事！

但是，正如古诗所云，"好事过头必为殃"。现在的博士越来越多，其中一些人的德才，名不副实。据报载，有个法学博士，居然根本不懂法，污辱执法人员，身陷法网；有的博士写博士论文，抄袭已出版的博士论文选，及学术著作；更有甚者，已当了教授的某博士，写了一本书，公然连书名都是剽窃他人的，真可谓由鼠窃狗偷而明火执仗矣！现在的博士导师，有多而滥的趋势。某大学一个系居然有十几个博士生导师，某研究所的一、二、三、四把手，竟都是博士生导师，他们的弟子的水平，可想而知。

元末博士财穷，时下某些博士才穷。奈何！

1997年2月于老牛堂

（原载《中华英才》1997年第3期）

棚友

　　1980年春节，不才至沪上探亲，随挚友唐律、玄奘专家杨廷福教授给某老者拜年。甫坐下，老诗人任钧教授、老作家许杰教授，即叩门而入。任公见某，即笑向许老介绍曰："这是我的朋友，不过朋字左边要加个'木'字，我们曾在一个牛棚。"任公语出，举座大悦。今日临窗走笔，忽忆此事，不禁喟然久之。许杰先生、廷福兄谢世多年，任钧先生亦多年不通音问矣。当年棚友中之老字辈，日渐凋谢。《红楼梦》中红玉曾谓："千里搭长棚，没有个不散的筵席。"十年动乱中特殊长棚，几乎无处不有，又何啻千里、万里？惜无人写《棚友录》，若撰成，当属传世之作，惟时下恐难付手民耳。现将歌词圣手乔羽先生之《思念》改头换面，凑成几句，如下：

　　棚友啊棚友！
　　我们已分别很久、很久。

愿此棚一去不复返，

永远不再有新棚友……

（原载《文汇读书周报》1997年3月1日）

众志成城

卷帙浩繁的《明实录》《清实录》及皇帝起居注之类，一般读者绝无阅读之雅兴。坐惯冷板凳的史学家则不然，一页一页逐字读过去，宛如在茫茫大海中撒网，有时亦所获甚丰。近日中共中央党校出版社出版的《康熙政风录》一书，即主要取材于实录、起居注，甚有学术价值，亦具可读性。聊举一例：该书第二章述康熙皇帝政风清廉，引《大清圣祖仁皇帝实录》卷一百五十一载："康熙三十年（1691年）辛未五月丙午，工部等衙门议覆古北口总兵官蔡元疏言，古北口一带边墙倾塌甚多，请行修筑，应如所请。上谕大学士等曰：'蔡元所奏，未谙事宜。帝王治天下，自有本原，不专恃险阻。秦筑长城以来，汉、唐、宋亦常修理，其时岂无边患？明末，我太祖统大兵长驱直入，诸路瓦解，皆莫敢当，可见守国之道，惟在修德安民，民心悦，则邦本得，而边境自固，所谓众志成城者是也。'"因此，他不同意修长城，认为："兴工劳役，岂能无害百姓？"批评蔡元"其言甚属无益"。读至此，不禁为康熙皇帝喝彩者再！此公位居九五，"一句顶一万句"，倘头脑发热，下令大修长城，劳民伤财，后果岂非不堪设想？但康熙毕竟是杰出的政治家，喊出"众志成城"的响亮口号，务实精神，多么可贵。由此可见，亿万人民心一条，才是永不倒之长城也。正是：

玄烨一番宏论，堪称石破天惊。

长城修于何处？贵在万众一心！

（原载《今晚报》1997年5月26日）

王八克星

寒舍附近一楼，经三月装潢，美轮美奂，乃大饭店也，"鳖城"二字，分外耀眼；所绘数十只鳖，皆笑逐颜开，作欢迎宾客状，令人称奇；更使人叫绝者，门口大书著名对联曰："庙小神灵大，池浅王八多。"甫开张，食客寥寥。邻人咸曰："专卖王八，有多少人吃得起？中央正狠煞公款吃喝风，此店不久必倒闭也。"然不出半月，此店名声不胫而走，车水马龙，食客盈门，小车塞满楼前停车场，并不断向马路延伸。邻人有小车司机，告我曰："此间所停小车皆公车也，可见均公款吃喝者！"某下岗者愤愤曰："什么东西，都是王八克星！"窃以为，"王八克星"，虽简洁明了，然似伤温柔敦厚之旨，以"鳖克星"目之可也。正是：

如沙之星又一星，午夜梦回心犹惊；
应书"庙小妖风大"，擒"妖"何处搬救兵？

（原载《文汇读书周报》1997年9月6日）

奇迹

　　十多年前，经媒体渲染，王同亿其人，颇风光一时，"词典专家""著作等身"之类桂冠层层加码，从电视镜头看来，所编词典一大摞，委实令人目眩。不才曾亲闻有人啧啧赞叹曰："此乃奇人创造奇迹也。"然余性也愚，素不信学术界奇人、奇迹之说。编词典乃千秋事业，非大学问家主持其事，欲成严谨著作，难矣哉。半个世纪前，陆伯鸿先生编《辞海》，历经二十载，始付梓，今日仍是学人必备之书。近日，北京高级人民法院就王同亿侵犯著作权案作出终审判决，王同亿之抄袭行径，可谓铁证如山。由是知道：奇迹终未发生也。每见学界有所谓"超人""超天才""精通文、史、哲、经"辈出现，某窃笑之：恐超级牛皮后定有大"猫腻"在也。正是：

　　　　治学如登地狱门，九死方能求一生。

　　　　何物奇人创奇迹？无非活剥兼生吞！

　　　　　　　　　　（原载《文汇读书周报》1997年9月6日）

"三大"

　　文友某，与不才闲聊，论及某些青年学人谓："本事不大，能量很大，胆子更大。"真乃一针见血之论。时下图书质量让人心忧，其中不少劣质产品，即出自此辈手笔。某教授告我，其弟子应邀为某孙悟空式学人所编之大通史撰稿，一星期居然写了十多万字，若非"文剿公"，从何而来？鄙人曾在某社科院门口亲见一公告曰："我们正在大兵团作战，日夜兼程，争取一个月内拿下《中国××大全》这个堡垒，交付印刷厂。热烈欢迎有识之士参加我兵团协同作战！每千字稿酬百元，预付一半。"若非"三大"者流，谁又敢如此操作此书，并公然招兵买马？知情者告我，其实此类"大兵团"已比比皆是，齐头并进，某研究所即有三大兵团云云。近日多家报纸披露：华东理工大学三十三岁的胡某某，其博士论文乃剽窃而来，随后不断剽窃，并凭此很快当上教授、硕士生导师、博士生导师、国家级研究中心负责人、研究所所长。东窗事发，才原形毕露：种种桂冠，皆用三只手偷来、骗来也。胡某某乃"三大"类人物最胡来之典型。呜呼！此辈如横行天下，天下尚有学术可言乎？正是：

"三大"人士何堂皇，"兵团"作战日夜忙。
儒林必须狠打假，学术尊严不能亡！

（原载《文汇读书周报》1997年10月5日）

求名

　　好名之风，古虽盛之，于今更烈。其手段之巧妙，花样之翻新，可谓层出不穷。某公仆胸中墨水甚少，却欲以大学者身份面对世人，并流芳百世，乃用手中权力，令企业界出巨资，用高稿酬收买三、四流学者，先后编纂百万字甚至逾千万字大部头著作，堂而皇之出任主编，出版后，又是新闻发布会，又是接受大报记者采访，好不热闹！且主编费甚丰，照拿不误，真乃名利双收。此一例也。某学会为不肯老实做学问者所把持，以弄虚作假、游山玩水、钓名沽誉为能事。接新规定，学会重新登记，需十万元注册资金。无人赞助，该会头头遂自掏腰包，凑足巨款，惟恐丧失自封、互封之会长、执行会长、秘书长之类头衔，此与昔之买官鬻爵何其相似乃尔！此又一例也。正是：

　　"我为无名抵死求"[1]，高价大买野人头。

---

[1] 北宋某举子题壁诗句，见《曲洧旧闻》。

五色光环多耀眼，其实不过是蜃楼！

1997年9月27日于毛三爷寓所

（原载《文汇读书周报》1997年11月1日）

谈"虎"色不变

谈虎色变，乃国人之口头禅也。从宋代大儒朱熹辑《二程语录》及元人王炎武《吾汶稾》等记载看来，其义乃比喻谈及可怕之事即畏惧变色，未免怯懦可笑。不过，平心而论，谈虎色变者，至少深知虎能食人，为害一方，不可等闲视之，更不会为虎作伥，此可断言也。就此而论，谈虎色变者，未必无可取之处。

反观时下，谈"虎"色不变者，不乏其人，令人惊诧。明代诗人张羽有谓："行人莫讶深山虎，一入城中虎更多。"此"城中虎"即打引号之虎，乃贪官污吏之代名词也。20世纪50年代初，曾有轰轰烈烈打"虎"运动，使"虎"们闻风丧胆。但丧胆不等于绝种，时下此类"虎"孳衍甚夥，随腐败望风而长，为国人深恶痛绝。究其根本原因，固在于结构之腐。但谈"虎"色不变者，实亦难辞其咎。笔者曾应某电视台之邀，谈明代张居正由打"虎"而自己亦蜕变为"虎"之教训，播出不久，即被有人认为"没意思"而停播；试想，指望此辈打"虎"，岂非做梦乎？近年贪污大案，

每呈集团趋势，如前泰安市委、陕西省民政厅等，以第一把手为首，形成"虎"窝，群"虎"勾结，害莫大焉。试问：彼等秘书长、局长、处长之流，若有半点谈"虎"色变之心，保持清醒，岂能堕落成"虎"帮凶、"虎"爪牙而最后同入"虎"牢乎？正是：

    谈"虎"色不变，衙中每曾见。

    请教武二郎：如何治此辈？

丑年岁末于邻虎居

（原载《文汇读书周报》1998年1月3日）

故弄玄虚

近日梓家出版台湾某作家之长篇历史小说《两朝天子》。此书内容尚可，文字也还通畅。但翻开目录，全书十二章之标题，竟为"龙战于野，其血玄黄""君子终日乾乾。夕惕若""乘马班如，泣血涟如""明夷，利艰贞""硕果不食，君子得舆""鸿渐于陆，其羽可用为仪"等等。文史学者及涉猎过《易经》之学者，当然知道此乃《易经》经传文辞也。但历史小说，应属于大众文学，读此类书者，学者及看过《易经》者又能有几人？普通读者绝大多数仅中等文化，看此书目录，肯定如堕五里云雾，不知所云。而为此书作序者，居然恭维这是"贯穿着深邃的玄思"，"蕴涵着义理的灵魂"，不亦妄乎！其实，在小说中故弄玄虚，并非今日始。如清中叶之屠绅，"为文则务为古涩艳异"，写小说《蟫史》，更"勉造硬语，力拟古书，成诘屈之文"（鲁迅语），实属多此一举：既削弱艺术性，更吓跑读者。细察世风，故弄玄虚又岂仅此也，君不见：有的短篇小说，句子长逾百字，却无标点；装饰一新的时髦饭店，偏冠以"燧人氏"店名;临街建成、车水马龙的面店,竟称"野人居"……
不一而足。正是:

　　板桥之言何堂堂,直摅血性写文章。
　　故弄玄虚真儿戏,谁人愿喝孟婆汤?

　　　　　　　　　　　　　牛年岁末于老君庙
　　　　　　　　　　(原载《文汇读书周报》1998年3月7日)

捉放嘲

京剧《捉放曹》，家喻户晓，讲陈宫捉住曹操，反被曹操言语打动，弃官与曹操一起逃亡。途中宿曹父故友吕伯奢家，曹疑吕伯奢欲杀之，乃先下手为强，杀掉吕伯奢一家。及明真相，乃言："宁可我负天下人，不可天下人负我。"此戏演曹操奸雄枭雄之性格，至今仍风靡天下，此不足怪也。所怪者，现实生活中每有捉放曹式活剧，然已异化为捉捉放放，不伦不类。家居不远处，乃购物中心，车水马龙，甚为繁华。马路两侧，下岗工人、小商小贩所摆之地摊，一字长蛇阵，日用百货，无不齐全，顾客咸称方便。但隔三差五，或至多半月，工商管理部门必来抄检一次，将所有摆摊者连人带车一网打尽，驱赶至大院内，一一罚款，然后释放归家。次日摆摊者卷土重来，长蛇阵依旧。如此捉放，周而复始。奥妙何在？原来此辈福利、奖金，端赖如此捉放也。此剧并非马路有，别处小异亦大同。聊举一例：余窗友某，数年前曾任某出版社社长，因印《济公传》，被有关部门严厉批评并处罚。而不久，其他出版社《济公传》

却照印不误，几乎"滔滔天下皆是"，电影、电视之济公传，更大行其道。显然，对前者是捉，对后者是放，无非看酒下菜，区别对待。此类"捉放曹"式表演，形式虽有异，本质无不同：皆或违法，或执法外之法。岂有此理，理应嘲之！

正是：

> 执法本应坦荡荡，捉捉放放为哪桩？
> 岂是水中揿葫芦，彼辈自有一本账。

虎年3月25日于大戏台

（原载《文汇读书周报》1998年5月2日）

遥看春色

　　北京大学百年校庆，是1998年春天国内文化生活、政治生活中的一件大事。又是盛大庆典，又是大规模研讨会（虽然某外国著名学者谓与会代表有"龙、虎、狗"之别），又是大型晚会，真个是花团锦簇，春满校园。不过，不才冷眼旁观，未免心存戚戚焉，"遥看春色近却无"之叹，不禁油然而生。夫北大百年，有多少历史经验值得总结也！北大之光荣，为世人景仰，离开"五四"，离开科学、民主，又岂可得乎？而1957年，北大把五百青年学子划为右派分子，使他们饱受凌辱；批判马寅初先生时，校内著名教授争相表态、撰文，唯恐下石太迟，却无一人拍案而起为之鸣不平；聂元梓等殃及全国之"第一张马列主义大字报"，及臭名昭著之写作班子"梁效"，不正是北大之特产乎？如此等等，并非杂事秘辛，乃国人共知之事实，而北大校庆之连篇累牍煌煌如纪念文章，有哪一篇提及此类事？讳言历史经验教训，岂非大悖于北大科学、民主之传统？对北大莘莘学子，对国人，对历史，能算负责之态度乎？正是：

遥看春色近却无，越想校史越糊涂。

伤疤虽痛难忌讳，何必装入闷葫芦？

1998年6月18日于咫尺天涯

（原载《北京观察》1998年试刊第1期）

毁人不倦

　　某日，我与新华社一位年逾古稀的老编辑、翻译家聊天，述及她当年被极左者流诬陷，入狱多年之惨痛遭遇时，她愤愤然曰："这种人一辈子就是毁人不倦！"闻罢深感精辟，如见此辈肝肺也。君不见，在20世纪50年代知识界那场大冤案中起过推波助澜作用者，至今不但在回忆录中毫无悔过之意，又在"螺蛳壳里做道场"，主持大吹老掉牙的法螺，动辄给别人妄加罪名吗？妙的是，此辈不费吹灰之力，接班人即自然形成。如：近来在文化界寻寻觅觅捞世界的某文史小贩，眼睛盯着名人，横加诋毁。先是跟在余英时身后鹦鹉学舌，一再污蔑郭沫若剽窃钱穆著作，遭到知情人士及历史学家严厉驳斥后，不知收敛，近日又在广州某报上抛出短文，打着所谓访问冯家昇先生遗孀幌子，编造故事，诽谤郭沫若剽窃冯氏研究李白出身"碎叶"成果，写进自己著作。据笔者了解，实际情况是：冯氏1970年去世，生前曾参加外交部组织的一项研究新疆史课题，其成果按极其严格之规定，报外交部；而冯氏上报的研

究论文中，根本未涉及"碎叶"，更遑论与李白出生地之关系。惟其如此，外交部看到郭沫若的《李白与杜甫》征求意见稿后，见有"碎叶"之考证，颇为重视，才由乔冠华、余湛去拜访郭沫若，向他求教。显然，说郭沫若将冯家昇研究成果据为己有，完全是空穴来风，栽赃陷害。而炮制谎言者，正是这个意欲通过诋毁名人而一鸣惊人之"毁人不倦"者。郭沫若非神非圣，早已驾鹤西去，他在政治上、学术上之失误，谁都可以著文批评。但造谣生事，诋毁其人格，则属宵小劣行，为君子所不齿。正是：

　　毁人不倦何所求？墨心雕龙自作囚。
　　"尔曹身与名俱灭，不废江河万古流！"

（原载《文学自由谈》1998年第5期）

礼多

旧时民谚有谓：油多不坏菜，礼多人不怪。此乃小农经济为基础的农业文明之反映也，经不起现代人审视。动物油毋庸论矣，即使植物油，用之过量，绝对有碍健康。至于礼，我国素称"礼义之邦"，但礼节均按政府规定或民间约定俗成之惯例运作，倘纷然无序，恣情用礼，则必定走向反面，变成礼多人必怪。聊举二例：其一，某邮局仅科级单位，办公楼前，却有数名衣冠整肃之保安轮流站岗，目不邪视，双手下垂，紧贴裤线，端立门外，俨然使馆或政府首脑机关前站岗之武警；凡邮局办公室工作人员出入，保安均举手行礼，神情之肃穆、凝重，若接受大人物检阅然，真乃咄咄怪事也！其二，寒舍路南之小区，乃文明小区，有路边铜牌镌刻文字作证。令人莫名其妙者，大门口之保安，凡见到开进小区内之小车，包括早该淘汰的十元钱十公里之黄色面的，均立正行礼。小区内有幼儿园，数名三岁许幼儿，每日从此经过，目染所及，误以为此乃"警察叔叔"文明礼貌之行为也，在马路上见到小车，即立正行礼，路人见状忍俊不禁，家长更是哭笑不得。至于搞歪门邪道，送礼行贿，礼品动辄多达几万、几十万元者，更属枉法之徒，国人深厌之，往往重礼背后每有大案也。正是：

莫道礼多人不怪，礼节太多人惊骇。
童稚笑料尚余事，行贿日多太腐败！

于礼士路南天涯

（原载《文汇读书周报》1998年8月1日）

学而劣则仕

"学而优则仕"，是古代、近代儒生之信条，凭借科举制度的阶梯，确有不少出身寒门者，挤入仕群，为国为民，卓有建树，留香青史。"左"的年代，曾猛批"学而优则仕"，完全否定。其实，还是一分为二好，至少比"学而劣则仕"强多矣。旧时龙裔凤孙、八旗子弟中劣迹斑斑者流，固不必论矣。近观时下，"学而劣则仕"者，又何尝少见？与人聊天，每见有人愤愤不平曰："此人在校成绩一塌糊涂，现在居然混上厅局级。""此人在北大荒时，从不劳动，随意取走别人衣物，被称为犬儒主义者，而今却当上委员！"诸如此类。此辈学问、人品皆末流，却能步入官场"上流"，若非钻营、攀附、贱售人格，又安可得乎？即使科学研究机关，此辈也屡见不鲜。写学术论文即声称血压高、头痛欲裂，而当了处长、所长，却从此立刻血压平稳、不再头疼，出国坐飞机长途飞行更精神焕发者有之；为爬得更高，不惜打小报告，陷害学术界人士，果然如愿以偿者有之……正是：

隔官人近天涯远——

文、品俱次活见鬼!

他年若无"学而劣",

民定为官挂金匾。

1998年10月21日于冷眼庐

（原载《文汇读书周报》1998年11月7日）

哭穷

哭穷乃旧式农民之通病。笔者童年乡居，见家道小康之邻人吃饭每每大门紧闭，还不时在外唉声叹气，说已一个月未食干饭矣。及长读史，始知古人中颇不乏此辈。明朝有《桂枝香》小曲，形容此类人谓："说一声客来，魂惊胆破。一身无主，两脚如梭。慌忙躲入积钱囤，说与浑家盖饭锅。"真乃惟妙惟肖。不过，小民百姓之哭穷，比起官府之哭穷，实乃小巫见大巫也。古代不胜枚举，姑置勿论。今日之瞒产、对省甚至中央缩小国民总收入、夸大受灾面积及实际损失数字、已经脱贫却仍然称贫等哭穷现象，又何尝少见？尤有甚者，有的企业生产颇红火，居然申请破产，旨在将所欠债务一笔勾销。盐城有口头语曰"哭穷捣鬼"，这捣鬼二字，可谓揭穿哭穷本质。正是：

　　小民哭穷，怕当富民，
　　官府哭穷，仍望扶贫，

企业哭穷，化债为零——

休讲面子，遑论斯文！

1998年11月22日于笑庐

（原载《文汇读书周报》1998年12月5日）

造神

　　"文化大革命"去今未远，人们对造神运动之空前绝后规模，及国家、民族由此付出之惨重代价，记忆犹新。党的十一届三中全会重大意义之一，是为造神曲画上休止符。"前朝爱古调，今人多不弹"。但也许是自古文坛花样多，稍不留神，造神者即吹着猪脬，"击鼓传花"，举着"神"像，从眼前招摇过市。如，近代鸿儒康有为、梁启超、王国维、陈寅恪、胡适之，虽研究者不少，但至今并未——在不才看来也无必要——形成康学、梁学、王学、陈学、胡学之类。某公虽系大学者，实不逮上述诸学术大师远矣，却被某些文士抬头捧脚，抛向云端，号称"某学"，又是出刊物，又是出书，真乃冠冕堂皇，沸沸扬扬，恐醉翁之意不在酒，而在借以扬自己名，啖饭之道也；又如，近几年，不但有人对某先生称颂一再升温，更有名家著文于大报，誉其为"超人"；再如，二十多年前，海外有几位文人加书商，大捧特捧某武侠小说家，欲建立"某学"，但不久即曲终人散，近闻国内又有人想老调重弹，再整旗鼓，将他置于云

里雾里，实属多此一举也。诸如此类，被造神者所造之人，虽未成神，亦神乎其神矣。正是：

"西游演了是封神"，
琴台曲老不堪闻。
请君休弹爱古调，
须知世人皆凡人！

1998年12月15日于四家村

儒商

　　最近应某大学之邀，作东方文化与21世纪演讲。有学生提问：今日中国有无儒商？余答：管窥所及，严格说来，一个也无。而十多年来，某些媒体动辄恭维商界、企业界张三、李四辈为儒商，其实风马牛不相及也。如有人曾称颂恩威集团董事长老薛乃儒商，笔者曾与此君在会议上有一面缘，听他满口道家，思及《老子》"恍兮惚兮"云云，不禁有啼笑皆非之感。近日中央电视台《焦点访谈》对其严重偷漏税行为曝光，铁证如山，断难"一洗了之"，在关键处，他还公然说谎，声称"我是一概不知"。若定要称此君为儒，亦黠儒也。又如亦有人宣传南德集团老总牟其中为儒商。且不论此君经济纠纷缠身，曾被禁止跨出国门，即从他声称"我做生意不需要资金，我的智慧就是资金"云云，与儒家之诚、信二字，岂能合拍乎？再如某著名武侠小说作家，也曾有儒商之誉。可历年水灾、旱灾，未见此公捐过分文，却动辄声称自己信佛，沉迷佛经多年云云，致使作家李敖曾当面数落云："佛教戒规之一，是不敛财，你有几亿财产，信佛是假的。"可见如将此公拥入太学当文学教谕，孔夫子肯定圣颜不悦也。正是：

清明时节雨，
纷纷路上行人，
欲断魂。
借问儒商何处？
有牧童，
遥指大荒村。

1998年12月22日于渺渺居
（原载《文汇读书周报》1999年1月2日）

大师

笔者童年时乡居，彼时正值抗战时期，家贫，余又颇淘气，不知卫生为何物，故不时头疼脑热、肚痛拉稀。母亲常带我去不远之陆陈庄，找一位懂针灸之孙姓农民扎针。此公识字不多，但针术尚佳，人皆以孙大师称之，其妻遂亦托福成师娘。弹指间半个多世纪过去，孙大师亦下世久矣。上穷碧落下黄泉，不知大师何处去？思之不胜怅然。由三家村之孙大师，联想起另一类大师，即国学大师是也。前年春天，余在上海小住，曾去复旦大学探望业师、年逾九十的中国思想史专家蔡尚思教授。蔡老谓："国学大师够格者仅有三人：梁启超、王国维、章太炎。若一定要说有四人，则非胡适莫属，连陈寅恪也不够格，因为他虽精通外文，中国古籍却所读有限。"余以为，蔡老所言甚是。国学大师之桂冠，岂能随意奉送？反观时下，动辄称某学者为国学大师，如南方一家出版社所出之"国学大师丛书"，将三十余名学者均目为国学大师，如鲁迅、蔡元培、严复、张元济、林语堂、张君劢、欧阳竟无、贺麟。他们虽各有贡

献，但称其为文学家、教育家、翻译家、出版家、作家、社会活动家、佛学家、哲学家可也，而尊奉为国学大师，则名实不副矣。又如北方某教授，乃散文家、翻译家；另一教授乃中国思想史专家；两位对国学之核心儒学经典，并无专门研究著作面世，近几年来，却被媒体炒成国学大师，学界多有微词。国学大师者，乃对国学之研究卓有建树、举世公认、泰斗级人物之谓也，倘随便乱封，久而久之，到处皆是，恐有降低为三家村大师之虞矣。正是：

国学大师何处求？倘欲加冠先量头。

奈何高帽满天飞，学风浅薄使人愁！

（原载《文艺报》1999年2月2日）

选家

读过《儒林外史》者，断难忘记选家马二先生。此公受聘于书贾，从科举试卷中，选评若干，简称墨程。晚明、清末，此辈更蜂起，墨程滔滔天下皆是。寒斋亦藏有几本，读来味同嚼蜡。近几年来，各种选本大行其道。古文选、今文选、杂文选、散文选、随笔选、小说选等蜂拥而来，不知凡几。管窥所及，从第一手资料入手，精心选编，并匠心独具，慧眼识宝者，屈指可数。某些杂文、随笔选者，声称"掉书袋者"不选，实际上乃摒弃学者杂文、随笔，所选文章之水平，可想而知；有的声称所选乃公认最优秀之杂文，但文坛熟知之名文《我若为王》《还我头来》《赫尔利，赫，尔利我不利》《九斤老太论》等，却不见踪影；有的作者名不见经传，而且其作品实属泛泛之作，竟亦选入，甚至不止一篇，若非选者之哥们姐们，断难解释。如此等等。当年马二先生食不果腹，虽水平不高，但以一人之力选编，总还当得勤苦二字；而时下某些选家，有教授、作家头衔，优哉游哉，且往往有帮手协助，竟编出不少在当年"墨程"水准线以下之选本，真是连陋儒马二先生亦不如矣。正是：

商潮后波逐前波，
时下选家亦何多。
笑煞当年马老二：
先生浅薄胜老夫！

1999年1月21日于业余一户猴

（原载《文艺报》1999年2月2日）

原任……

　　留心媒体，"原任……"屡见不鲜。讣告历数逝者原任何种职务，尚可理解，因盖棺论定，死者不会复生，其职务亦不会复生，罗列之日，即画上句号之时也。难以理解者，报刊、电视采访或报道某些人士时，尽管他们还健在，却偏要加上原任某某长、某主任、某院长、某社长、某总编、某校长之类。有的已是著名学者，却要在其研究员职称前，冠以原任某某副院长头衔。似乎不如是，即不会受社会重视，其实纯属多此一举。一些学者以其学术成就享名于世，也有些文化人因其主编的书刊而广为人知。如今虽无某项职务，丝毫不影响其社会声望。又如介绍某经济学家，偏要先介绍他曾担任某大学副校长，难道无此经历，其经济学教授就一钱不值乎？如此等等，皆"世卿世禄"、官本位意识之变种，"官大学问大"之流露也，既与公仆观念格格不入，亦助长学术贬值之不良倾向。正是：

怪风起处生云烟，

原任职务满天飞。

区区一顶乌纱帽，

岂能魅力大无边！

兔年初五于"一上楼"侧

（原载《文汇读书周报》1999年4月3日）

霸气

不才当过编辑，曾几次接到有名甚至无名学人来稿，附笺庄严声明：不得改动一字。余不禁哑然失笑。夫文章非遗嘱，连错别字亦不得改动乎？余处理此类事颇简单，毋论是谁，立即退稿。"千寻铁锁沉江底""金陵王气黯然收"，况我辈区区文士乎！近几年来，知识贬值，出版学术著作甚难，学人之霸气，收敛多矣。而某些握有出版大权之出版家，则日渐骄横，著者稍有不慎，作品即可能遭封杀；将关系户之水准线以下作品，强行塞进著名学者书中，搭车出版；擅自妄改前言、后记，加上著者对出版者感激涕零语。如此等等，真可谓霸气十足。不过，平心而论，无论是学人、梓人，比起名满江湖之媒体焦点人物，其程度又不逮远矣。多家传媒报道，近日正被媒体炒得沸沸扬扬之某通俗小说名家，指责出版其作品评点本之某出版社为非法，而该出版社与他指定之版权代理人，则出示了与之签有的正式出版合同。余寻思，如果临时有所变化，也该礼仪协商，求得妥善解决。此公又抨击评点者只有小学生水平，更不值一哂。评点者中不乏成就卓著的学者、作家，岂小学生三字所能当得乎？为一己利益竟不惜反目，恣情贬之，非霸气又何言之？正是：

> 虎年去了兔年来，
>
> 人至暮年应开怀。
>
> 盛名之下宜宽容，
>
> 何必灞桥独徘徊？

己卯4月14日：游废都灞桥归来，光天化日之下。

（原载《文汇读书周报》1999年5月1日）

卖痴呆

旧时苏州除夕夜，小儿每唱《卖痴呆》谣云："卖痴呆，千贯卖汝痴，万贯卖汝呆，现买尽多送，要赊随我来！"猜其意盖卖尽痴呆求聪明也。物换星移，不知今日姑苏尚有此俗否？冷观今日世风，令人生厌者，虽非除夕夜，更非小儿，出卖痴呆，让人上当受骗者，又何其多也！即以出版界而论，介绍美国之书往往只讲民主、法治、人权一面，而讳言不民主、破坏法治、践踏人权之另一面，使不少青年学子误以为美国乃人间天堂，直到近日以美国为首之北约，丧心病狂地悍然用五枚导弹袭击我国驻南斯拉夫大使馆，才使他们大吃一惊，如梦方醒。

某些学风败坏之学者，更堪称卖痴呆之老手。有司奉命成立之中国社科院历史所"李自成归宿研究小组"，及国家文物局李自成文物调查组，1998年已分别写出报告上报，得出相同结论：李自成确实殉难通山，石门为僧说，不可信也。但最近又有人抛出文章，除曲解史实外，还充斥"瞪着眼睛说瞎话""痴人说梦！若非缺乏常识，则是别有用心"之类的谩骂，不知"寒碜"二字。还是词曲泰斗吴梅看得分明：

那有黄羊来祀灶？
纵使把痴呆出卖何人要！

1999年5月19日于冷观楼
（原载《文汇读书周报》1999年6月5日）

废书

　　时下印刷业发达，每年出书数亿册。然杂草与鲜花争色，龙鳞伴狗毛齐飞。有学者谓，传世之作，恐不及万分之一。出版社与作者之漫不经心，无疑乃废书迭出之重要原因。十多年前，某社曾重印王力先生《龙虫并雕斋琐语》，编校马虎，致错误百出；半年前，某社推出某君点校之清代鸿儒姚际恒著《仪礼通论》，居然错误千出！不堪卒读。此书流传至国外，为邻邦学者耻笑。夫《仪礼》向称难治，清初朴学大师顾炎武留心此学，亦无所成，故对《仪礼》专家张尔岐佩服之至；清末政治家、大儒曾国藩，晚年仍钻研此书。环顾海内，今日并无《仪礼》研究有素者。某君率尔操瓠，且兼任校对，何其不自量也。其中若干硬伤，绝非"手民之误"四字所能开脱，而倘有当年姚际恒治学精神千分之一，又何至于此乎！正是：

　　　　白纸黑字最炼人，
　　　　治学如登地狱门。

佛头著粪成千次,

何颜面对姚际恒?

1999年7月21日于戏台下

(原载《文汇读书周报》1999年8月5日)

急急风

　　戏曲舞台上有锣鼓点曰"急急风",紧锣密鼓,撼人心弦。旧时草台戏开演前,必演此锣鼓,招徕观众。此曲本应梨园有,惊叹而今落谁家?令人诧异者,每于学术界、出版界见之,岂非咄咄怪事!君不见,有人曾在某报推出某文士小传,将此君吹捧成文史哲兼通之大学者,并捏造高级职称,刊出后,舆论哗然。经了解始知,撰稿人乃此君之情妇,而实际捉刀者正是此君本人。又如某君出版一本学术水平一般的著作后,见无人喝彩,便急忙以答客问名义,在报端抛出文章,煞有介事,自问自答,自行贴金。前年曾于京中某报见书评,谓某通史如何杰出,今年又于沪上某报见书评,称此书如何优秀,而此书至今并未出版!如此急急风,又何必也。正是:

　　　七宝楼台慢造,锣鼓再密无效。
　　　空名虚誉何用,请君稍安毋躁。

　　　　　　　　　　(原载《文汇读书周报》1999年8月3日)

坟草

　　旧时口语谓："动了祖坟一棵草，三年官司打不了！"以血缘关系为纽带之宗法制度，崇尚敬天法祖，此不足奇也。斗换星移，眼下乃文明昌盛之20世纪末年，环顾学界，类似"坟草"之事，竟迭相发生，不亦怪哉！例一，钱锺书先生驾鹤西去后，有自称乃钱公关门弟子者（按：此亦奇事也，夫钱公从未带研究生，亦未教过私塾，既未开门，又何来关门？），凡见报上文章，有批评钱公语，必致电该报，从主编至编辑，一一痛加声斥，动辄几十分钟，致该报从上到下，闻其名不寒而栗，相顾失色曰："此人太难缠！"例二，某夫子尚健在，有人居然敢于在因特网上对其学术见解尖锐批评，顿遭其徒子徒孙在网上围攻，竟谓尔有何资格批评一代宗师？如此等等。学界从来没有、也永远不会有完人、圣人，纵然是学术泰斗，亦难免有失误处，倘不能批评，学术焉能前进？此类将祖坟之区区青草视为神圣不可侵犯之心态，延伸至学术界之行径，与现代人文精神，真乃相差不可道里计也。正是：

巨树落叶正待扫，

何况区区坟头草？

感叹宗法阴魂在，

近亲繁殖何时了？

1999年9月23日于冷眼庐

（原载《文汇读书周报》1999年10月2日）

假怀孕

　　据1999年第三期《杂文界》披露，今年的早些时候，有些"新生代作家"在南京举行的小说创作学术研讨会上，对鲁迅先生口诛笔伐，不遗余力。什么"他的杂文谁都可以写""以鲁迅来衡量文学，标准太低，影响了中国文学的发展。在我们这个圈子里，鲁迅早已是个过去的话题""我们根本不看老一辈的作品，他们到我们这里已经死亡"，如此等等，真可谓唾沫横飞，甚嚣尘上。我对新生代作家作品，读得很少，不敢置一词。就算他们才华横溢，写过一些好作品，但有哪一篇能与鲁迅《阿Q正传》《狂人日记》《药》《祝福》《故乡》相抗衡？更遑论超过。老实说，他们也许终身也未必能写出一篇赶上鲁迅的传世之作。他们如能认真将鲁迅作品——哪怕仅仅是其代表作，读过一遍，并读懂，就不会如此鄙薄我国新文学一代宗师鲁迅。年轻，并有点才气，当然是一种资本，但如果据此无限膨胀，以天下第一精神富豪自居，口出大言狂言，则未免荒唐可笑。这不禁使人想起俄国文豪高尔基批评某些狂妄青年曰：这是一种类似假怀孕的毛病；症候和真正怀孕时一模一样，但肚里却是空虚的。

（原载《中国民航报》1999年10月29日）

谢反腐

反腐倡廉，深入人心。但应当看到，某些腐败分子迫于形势，另寻心思，改变行贿、受贿手法。近日文友招饮，席上有著名古董店行家。此君乃名门之后，精于字画鉴别，对古董行情，了如指掌。询及该店近状，此君一杯酒下肚眉飞色舞曰："我们太感谢反腐败了！我们就吃反腐败呢！现在行贿——不，送礼，最稳妥高雅者，莫过于送名人字画。如一港商至敝店，说要给大官送礼，该员指定购齐白石画一幅，特来办理，价钱不论！我取出齐老爷子画一幅，索价十三万元，此人二话不说，当场付款，携画而去。"闻之恍然大悟：怪不得时下市场疲软，惟独字画翘然，独领风骚也。正是：

道高魔亦高，贪贿变花招。
反腐无穷期，马鸣风萧萧！

1999年10月17日于画犬斋

（原载《文汇读书周报》1999年11月6日）

续貂

　　狗尾续貂,典出《晋书·赵王伦传》。时百姓谣云"貂不足,狗尾续",形容官爵太滥也。但此语流行天下,妇孺皆知,逐渐演变成两重涵义:前美后丑;自谦。就后者言,宋人周必大即有诗谓:"公诗如貂不烦削,我续狗尾句空着。"耐人寻味者,环顾出版领域,"狗尾续貂"现象,可谓层出不穷。曹雪芹著《红楼梦》后,续者纷纷,不才读大学时,出于好奇,曾读过数种,皆味同嚼蜡。尤不能容忍者,竟让林妹妹死后复生,与宝玉结婚,成了大观园之管家婆,对王熙凤等反攻倒算,真乃"惨不忍睹"。纪晓岚主持修《四库全书》,现亦有人争着重修,议论不一,笔者不欲置喙。但就学问、胸襟、才藻而言,谁是当今文达公?余未见也。又如胡愈之先生主编的《东方杂志》,名重当世,在知识界影响深远,1948年冬停刊。台湾有人续办,越办越寒碜,最终关门大吉。时下又有名不见经传者续编,提倡软文学,难道忘记鲁迅引明代木皮散人鼓词"不觉死"之典故乎?今之周必大又安在哉?有亦凤毛麟角也。恐必大辈日少,故续貂者日多耳。正是：

轰传某山神仙多，
嘉树奇卉舞婆娑。
挤进山门无所见，
狗尾续貂亦何多！

1999年11月20日读凫西词后，作于龙吟阁
（原载《文汇读书周报》1999年12月4日）

世纪梦

　　面对世纪之交，美梦三千。我梦见孙悟空跳出如来佛手掌心，用千年虫破了观音菩萨的紧箍咒，一筋斗翻到大上海，在南京路成立"花果山出版社"，兼营"齐天大圣图书发行公司"，门前树上的仙桃任人采撷；又梦见不才在北京王府井大街办起"金圣叹书局"，开张之日鬼才魏明伦送来金匾，上有金人瑞老夫子亲笔所书"不亦快哉"……正是：

　　莫笑岁寒好梦多，只缘欣逢世纪初。
　　假作真时真亦假，且待春风舞婆娑。

1999年12月24日于金家小学
（原载《文汇读书周报》2000年1月1日）

书名

　　时下雅俗共赏、过目难忘之书名，真乃凤毛麟角。有的书名如《一个老太监的故事》，比太监还要乏味。书名乃智慧之结晶。如昔之《古今谭概》，因书名无特色，问津者寥寥。后经朱氏兄弟删削，取名《古今笑》，请文学家、戏剧家李渔作序，笠翁增加一"史"字，成《古今笑史》，读者一目了然，爱不释手，从此备受青睐，至今仍一版再版，畅销不已。近闻何满子将出版《千年虫》、牧惠将出版《沙滩羊》、邵燕祥将出版《谁管谁》、阎纲将出版《座右鸣》，诸先生皆起书名之高手也。正是：

　　莫将书名视等闲，绝妙好词难上难。

　　且看笠翁增一字，多少读者尽开颜！

2000年2月22日于无风楼

（原载《文汇读书周报》2000年3月5日）

虫灾

　　笔者儿时乡居，曾见蝗虫飞天蔽日，所过之处，庄稼全被啃光，至今每一思之，仍觉心惊。埋首书斋故纸堆中，多年不见蝗虫矣。但另一类虫灾，其猖獗状，大有超过蝗灾之势，几乎日日从眼前飞过，挥之不去。君不见，街头牛二式之"没毛大虫"，欺行霸市、调戏妇女、殴打百姓事，迭相发生乎？电脑"网虫"，制造出多少文化垃圾？而身为读书人、写书人，余对"书虫"更厌恶至极；对古籍乱点鸳鸯谱，见儒家有十三经，便拼凑《佛教十三经》《道教十三经》惑人耳目者有之；与书商勾结，雇几个一知半解的大学生，随意剽窃、篡改他人著作，加上哗众取宠书名，投放市场者有之，而其盗版书之快，更使有些出版社防不胜防；用商业操作伎俩，炮制"大全""大典"之类，动辄千万字，错误百出，屡见不鲜……显然，此类"虫"灾已成社会公害、顽疾，不知何日方能祛除？当然，从长远看，此辈所演闹剧、丑剧，终成过眼云烟也。词曲泰斗吴梅先生有《商调黄莺儿·题〈虫天图〉》，现节抄如下，但愿"虫"们拜读后，有所悟则幸甚——

　　俗语破天荒，"螺蛳壳做道场"。丹青妙手画出荒唐相：蝼蛄打梆，蜣螂点香，苍蝇说法更有青蛙唱。紧提防，戒坛高处，怒臂起螳螂！

2000年3月19日于666厂

（原载《文汇读书周报》2000年4月1日）

流失

  植被破坏，水土流失导致农田、草原荒漠化，国人已为之大吃苦头。但是，透过光怪陆离、沸鼎烹油的文化现象，在一些地方、某些领域，文化也在荒漠化，恐亦系不争之事实。而传统文化之逐渐流失，更使人每一思之，午夜梦回，犹觉心惊。笔者童年所见扁担戏——即一人表演之木偶戏，纵然踏破铁鞋亦难觅踪迹；返故乡，田埂上再也听不到卖饧人悠扬之铜箫声。近日去著名剧场看京剧，偌大剧场，仅坐不足三成之观众，且大部分均为旅行社引来之外宾。长此以往，剧场当门可罗雀矣。正是：

  万丈长缨难系日，传统文化正流失。
  待到沙暴压城时，莺歌燕舞难再得。

2000年4月19日于忧天居

（原载《文汇读书周报》2000年5月6日）

恶骂

时下文学批评，某些人好酷评。但"酷"来"酷"去，不过流于恶骂而已。如评钱锺书小说《围城》，说"此书中什么都有，就是没有小说"，大奇；谓"鲁迅是块老石头，他的反动性是不言自明的"；痛斥郭沫若"剽窃"钱穆，"无学术道德可言"，等等，令人瞠目。谩骂不等于批评，更何况恶骂乎？此常识虽童稚当亦能晓。值得注意者，自古以来，恶骂时贤，每有江湖客、骗财者混迹其中。如明代李乐《见闻杂记》卷十记载，有人痛骂王阳明，说"我吃了王守仁狗骨头的亏"，可谓几百年前阳明先生之酷评者；但此人又自称乃包拯后代，活了一百几十岁，"曾见阎王，放还"。此人是何许人也，不难想见矣。环顾时下文学界之恶骂者，虽比骂街之泼妇厉害百倍，但如炬目光之焦点，亦不过读者之钱袋而已。但愿此辈小心，切勿与前述王阳明之酷评者续上家谱。正是：

酷来酷去恶声大，岂是等闲顿足骂。

狗血喷头集大成，骗取读者出高价。

2000年5月21日于闻恶声斋

（原载《文汇读书周报》2000年6月3日）

狂甩

寒舍不远处，有条商业街，乃街道办事处违章建筑，因位居通衢，生意尚可。不才近日去海外一月，归后晨起散步，见此街商店纷纷用黄纸贴出大字告示："拆迁！狂甩！赔赔赔！惨惨惨！""赔完拉倒！不干了！自认倒霉！"如此等等，大有惨不忍睹之势。然一星期过去，未见一家商店走，宣传阵势依旧。心生疑惑，遂询及卖报青年，答曰："猫腻大了！已闹腾一个半月了，不知还能骗多久？"原来如此！由此明白，此乃商家推销商品之骗人伎俩也。反观文坛，亦如商海。曾被某学者讥为"戏子"的某作家，不久前接受电视台采访一个多小时，除重弹文坛批评其文与人者，皆书商操纵之滥调，并再一次煞有介事地宣称"封笔"。"封笔"还是"风笔"？惯用机关枪横扫文坛的山西大汉韩石山曰："又宣布封笔了……只要他把他的笔帽和笔杆对住，套在一起，就叫封笔。"此"封笔"一解也。其实，看看商业街"狂甩"情景，人们便可明白，"封笔了"与"不干了"，何其相似乃尔？货不但天天卖，并因"惨"而一睹者更众，生意火爆。可见此君说书商如何如何，其实也是在商言商，深通商家狂甩术也。正是：

又说封笔不干了，自认晦气把霉倒。
"惨"字后面原是钱，狂甩莫道君行早！

2000年6月17日于戏台下

（原载《文汇读书周报》2000年7月1日）

怪圈

　　20世纪80年代以来，出版社如雨后春笋涌现，时下每年全国出书数亿册。但所怪者，不受读者欢迎，甚至无人问津之书越出越多，库存积压，不知凡几；无奈充当"马路天使"，若败花残柳，亦难得有客光顾。但学术品位高、有价值之书，却又遍觅不着。漫画家、杂文家方成曾对余慨乎言之："我年年出书，但从未在新华书店内见过我的书。"不才虽不学，但亦年年出书。自信虽非上品，但绝非下流。前些时接到哈尔滨一位教授电话，说十几年来，他仅在书店中买到我一本书，其余一概未见。夫哈尔滨市乃通都大邑，尚且如此，地方小邑，读者若想购到拙著，岂非"难于上青天"乎？去年春，我接到外地学侣来信，托代购《古本聊斋》，我跑了一天书店，仅觅得一部。春末去海外，又有学者打听此书，返里后，遂致电出版社，始知书店、书商称此书已属旧书，不肯进货，出版社只好将剩余之书，统统化为纸浆。呜呼，闻之不胜心痛。正是：

庸书随处见，好书无处求。

图书入怪圈，何时是尽头？

2000年6月17日于咄咄斋

（原载《文汇读书周报》2000年8月5日）

忧浮肿

我曾经写过短文《浮肿病》，主要说好大喜功乃帝王遗风。乾隆皇帝号"十全老人"更系典型。20世纪50年代，"一大二公""大放卫星"等"大"字满天飞，国民经济遭受重挫，不少地区发生浮肿病，教训深刻，云云。此文编入一本集子时，终审者执意删去。区区小文，何足道哉。但此举似乎透露一个信息："浮肿病"不值得大惊小怪。若然，则足以令人生忧。

作为政治文化的一种不良传统，"浮肿病"在时下又何尝绝迹？仅以本应寂寞的史学界而言，几百万字泛泛之作通史刚面世，上千万字的通史又将登场；这个"伟大"工程刚鸣金收尾，另一个"重大"项目又击鼓开张，看得人眼花缭乱。有行家嘲曰：莫道工程炮声隆，批量生产毛毛虫。其科学性可想而知。但大笔百姓的血汗钱，却随肿而逝了！

正是：

打脸充胖没来由，健忘浮肿使人愁。

好大喜功民甚厌，多少覆辙在前头！

2000年9月18日于泼水斋

（原载《文汇读书周报》2000年10月7日）

"牛汪"

"牛汪"一词,大概除了江苏人外,外省者不知其义。犹忆童年乡居,夏日炎炎,水牛耕作归来、饮水食草之际,虻虫、苍蝇之类,即咸来叮咬,老牛虽不停摇头、打响鼻、甩尾,亦无济于事。不才素来心疼牛,况自己亦属牛,遂将老牛牵进事先挖好、约十平方米装满泥浆、牛尿、稀牛粪之塘中,老牛立即下潜,只将眼睛、鼻子露出浆外,虻虫者流,顿时傻眼,无计可施矣。老牛颇恋此塘,乐不可支。乡人均称此塘曰"牛汪"。

联想文坛,有"牛汪"情结者,似并不罕见,酷好在臭烘烘之泥浆中打滚甚至下潜,通常只将眼睛、鼻子、嘴巴露出浆外:眼观读者反应,鼻嗅文坛气候,口吐狂言——先承认自己无知,是流氓、痞子,俨然涂了一身臭泥,然后破口大骂,灭老舍,灭巴金,灭鲁迅,恨不得立即将这些文学大师全拖进"牛汪",不灭顶也面目全非矣。酷评者中,先自污者少,但无一不是欲污他人,将之拖进"牛汪"者。当然,最终污了谁?尽人皆知也。正是:

思量"牛汪"真儿戏，谁为酷评设此谋？

2000年10月23日于大观园

（原载《文汇读书周报》2000年11月4日）

叔伯气

"生的叔伯气"云云，北方人之调侃语也，余初闻之，忍俊不禁。夫生气岂有嫡亲、叔伯之分？"叔伯气"者，甚无谓之闲气也。环顾文苑，生叔伯气者比比皆是。说稍远点，电影表演艺术大师赵丹生前一心想塑造鲁迅先生、周恩来总理的光辉形象，但直至临终均未能如愿。以至他诀别人寰前，发出"管的太具体，文艺没希望"之浩叹。究其故，据悉因有司执权柄者，对20世纪30年代他与江青稔熟甚感愤愤。其实，陈年旧账，关卿底事？但"叔伯气"一生，赵丹遂含恨终古。悲夫！

说近点，文苑向来是非太多，其中有些是非，颇无谓，如周二先生知堂老人书法飘逸，某处将其宝楷悬于醒目处，遂招来非议。其实，其书法与其为人，有多大关系？甚至对鲁迅之评价，本可理性探讨，但有人却义愤填膺，必欲全面否定而后快，其中重要原因，是对当年鲁迅被神化甚厌恶。但这与鲁迅本人有何关系？凡此，皆生的叔伯气也。清初史家曾指出，明朝灭亡的原因之一，是"秀才争闲气"，

可见"叔伯气"害莫大焉。正是：

莫笑口语太俚鄙，何必常生叔伯气？
丈夫有志冲霄汉，俯仰不愧天与地！

2000年11月22日于同仁堂
（原载《文汇读书周报》2000年12月5日）

揣着明白

常言道，"揣着明白装糊涂"。北方人对此语更是耳熟能详。作为文化现象考察，对"揣着明白装糊涂"，可一分为二。就表演艺术而言，如葛优，一肚子明白，却一脸糊涂状，从而构成巨大反差，形成独特的表演风格，为广大观众所称道；就绘画艺术而言，写意画尤其是抽象画，虽画面"月朦胧，鸟朦胧"，"山在虚无缥缈间"中，但作者笔随心走，心里自然是明白如皎月。凡此，皆"揣着明白"之好处也。但"好事为过必为殃"。另一种"揣着明白"，则实属反文化行为，危害百端。如某两位我稔熟的先秦史专家，明知某些传说年代无法断代（按：胡绳先生生前曾说如此断代是神话），却因碍于情面及可拿到丰厚科研费而"积极"投入；某些地方、某些部门，明知盗版犯法，却为了一己私利，对非法生产者、经销者睁一眼闭一眼，包庇纵容，以致盗版书籍、盗版光盘，禁而不绝，甚至愈演愈烈。如此等等，岂非某些人"揣着明白装糊涂"之过乎？正是：

"揣着明白装糊涂",
成了奸商护身符。
经营毕竟非演戏,
护率迟早被烧糊!

2000年12月17日于阳光下

（原载《文汇读书周报》2001年1月6日）

爬灰

爬灰，又称扒灰，翁偷媳也。乱伦丑行，人所不齿，故
《红楼梦》里的"屈原"（鲁迅语）焦大声讨贾府的罪状之
一，便是爬灰。清代有则笑话谓：某地道德沦丧，乡绅爬灰
成风。新县令上任，决心整顿，集众多乡绅于衙前，喝令：
"爬灰者一律站到左边。本官已调查清楚，不得违抗！"迫
于行政压力，兼之大概觉得左比右好，爬灰者纷纷往左。
但有一富户，一会向左，一会向右，心神不定。县令见状，
问："何故如此？"此翁嗫嚅曰："回禀老大人，小的不曾爬
灰，但常偷弟媳，不知该站左边还是站右边！尚望大人恕
罪明教。"走笔至此，顿生奇想：在当今人丁滋生太快"无
日不风波"的新儒林中，是否有个别爬灰者？无从知晓。但
有一点肯定无疑：在左、右间游移不定者，并不罕见。如有
人在20世纪60年代，著文讨伐人道主义，80年代初，拨乱
反正，遂著文肯定人道主义；不久，有人发动批判"人道主
义""异化"，此人摇身一变，又著文否定人道主义。故在
一次伦理学研讨会上，有人向此公提问曰："您的人道主

义观点，究竟以哪个年代的为准？"此公面红耳赤，状其尴尬。类似此公者不少，不知彼辈学术良心何在？其政治品质，实在让人不敢恭维也。正是：

圣贤毕竟先知："吾道一以贯之。"
何故忽左忽右？紧跟风向投机！

2001年1月12日于成都花市茶馆

（原载《文汇读书周报》2001年2月3日）

钓鱼

不久前，我发表过一篇反腐败文章。近日接到两份通知，一份系某社科联来函，祝贺我"大作问世"，拟收入其正在编辑的一本文选中，收费500元；另一份通知系某丛书编委会来信，夸奖拙作"振聋发聩"，故"经专家推荐"，将收入其丛书中，不收费，但需订其丛书一套，计600元。看了两份通知，令我愤然。近几年来，常常接到此类通知。有的通知上，不仅抬出所谓学术大师甚至要员借以蒙人，更谓其编委会成员都是著名专家、学者，其所编书具有权威性，我的文章被选入，对于评职称将收"一登龙门，身价百倍"之效；且不说，十几年前，我已被评为研究员，拿到国务院的专家津贴，他们的书对我毫无用处。就说其编委会成员，大半皆无名小卒，后经打听，不过是三五书商、七八个乳臭未干的研究生而已。此等用"姜太公钓鱼，愿者上钩"方式，以学术为名行腐败之实的丑恶行径，有愈演愈烈之势。近日报载：某业余作者，发表2000字文章，招来八家文选、文丛之类的入选通知，收费可想而知，真乃荒唐透顶。正是：

不是太公是太私，钓何下处藏杀机。

让君口袋底朝天，此辈不是好东西！

2001年2月20日于冷眼庐

（原载《文汇读书周报》2001年3月3日）

假领头

　　我国幅员辽阔，服饰差异甚大，但曾风行一时，今已绝迹的假领头，似乎东西南北，皆此谓也。

　　犹忆半个世纪前，不才尚在三家村读小学，每见区政府女干部，手缝白色衬衫领头，戴在脖上，以为时髦，乡人颇觉新鲜，村姑钦羡之余，亦有仿效者。至20世纪60年代初，人祸、天灾交织，物资奇缺，布料甚是紧张，衬衫穿坏，换新谈何容易，只好用少量布制成假领头，权充衬衫穿上。好在外套毛式中山装，人们难窥真相，仍不失体面或革命风采也。改革开放以来，经济腾飞，商品供应逐渐供大于求，区区衬衫，谁家没有多件？假领头早已退出历史舞台，此国人大幸事也。但颇不幸者，环顾政界、学界等，别种假领头——即挂羊头卖狗肉之领导者，又何曾见少也！媒体不断揭露的东西南北之腐败分子，有谁不是该单位之领头人？但此辈不是领导群众建设四化，而是利用职权大搞贪污腐化，大挖国家墙脚。另一类人，有终年瞎混者，居然成了学会会长；点校古籍错误千出、成为中外学者笑柄

者，居然被人赞为"好同志"，加上学术带头人桂冠，如此等等。往昔聊充衬衫之用的假领头，虽无奈，乃包括笔者在内小民百姓自愿套在脖上也，一说不戴，挥手即弃之。而政界、学界等之假领头，十之八九乃大小一言堂主看中，强加小民头上者，百姓虽不乐意，却又奈何不得。正是：

脖上假领刚挥去，头上假领套过来。

何年尽去假头领，不用庸才用英才？！

（原载《北京观察》2000年第1期）

擂鼓三通

　　20世纪80年代初，香港徐四民先生曾在全国政协会议上说：内地自己也要三通，特别是中央政府的号令，地方政府必须执行，不能不通，云云。我以为徐老所言极是！直至今日，"上有政策，下有对策"，中央政府之号令，每被某些地方政府打折、扭曲，乃人所周知，固不必论矣。即以通邮论，在堂堂首都，我住石景山区时，致书家住朝阳区的红学家冯其庸先生，他居然一个月后才收到此信；我搬到方庄小区，寄稿给近在咫尺的《光明日报》《中华英才》，居然对方收不到。而外地更加不堪矣。最典型者，深圳一打工仔，中秋节寄给四川家中之月饼，一年后才收到，成了一包虫屎。再说通商，谁能说得清，地方保护主义者究竟设置了多少有形、无形关卡？这已成为国家经济发展的一大障碍。至于通航，多年来我屡坐飞机，几乎无一次准时；而汽车、轮船的超载失事、损失惨重的现象，更每见于媒体。可见依法治国，应进一步加大执法力度，扫除此间三通障碍。时正冬日，腊鼓催春。旧小说写热闹场面，常先"擂鼓三通"。在这送旧迎新之际，我愿使尽平生力气，擂鼓三通，为真正政通人和，助威、喝道！

1999年12月25日于世纪楼

（原载《北京观察》2000年第2期）

谈虫色变

不才是电脑盲，至今对"千年虫"仍不甚了了，回首世纪交替之际，全球沸腾扬扬，防范"千年虫"，世人颇有谈虫色变之感。最可笑者，京中有些电梯门口贴着通告，声称为防止"千年虫"突袭，电梯暂时停开，人们无奈，只好辛苦双脚。有位老大爷闹不明白，忍不住国骂曰："他妈的，操它个虫！"近日读报，有人著文说"千年虫"云云，乃商业欺诈行为；亦有人著文谓"核弹没有自行发射，飞机没有从天下掉下来"，"千年虫"者，乃世人"自己吓唬自己"也。看来，在21世纪未来日子里，"千年虫"即使捣乱，也掀不起太大风波，从这只让全球虚惊一场之"虫"，不禁联想虎、狗、猪之类动物，均曾使人谈之色变。"谈虎色变"，人皆知之，毋庸论矣。宋徽宗因属狗，便严禁杀狗；明武宗因觉猪、朱同音，自己又属猪，遂下禁杀令，且不许养猪，违令者"本犯并当房家小，发极边永远充军"；"文革"中，余在上海师大，某日有顽童毙一猫，吊于树上，顿使有司失色，作为反革命事件追查……此类充斥封建专制主义之腐朽

气息, 不断散发, 又何止"千年虫"? 正是:

世人争说"千年虫", 回首往事难从容。
谈猪谈狗色皆变, 只缘皇帝谬称龙!

2000年元月19日于笑虫居

（原载《北京观察》2000年第3期）

犹记风吹水上零

　　郭沫若因有多方面之学术成就，且位居要津，生前享有殊荣。去世后，每闻学界异议时起，余从不以为怪，盖此公已成古人，任凭后人评说可也。但近读远东出版社之《钱穆和中国文化》一书内余英时《〈十批判书〉与〈先秦诸子系年〉互校记》一文，却深感骇怪。此文乃余英时老掉牙之文，却一再抛出。早在1954年秋，余英时即在香港《人生》半月刊第八卷第六、第七、第八三期连载其所作《郭沫若抄袭钱穆著作考——〈十批判书〉与〈先秦诸子系年〉互校记》，断言郭沫若的《十批判书》大量抄袭《先秦诸子系年》，从而说郭沫若"是一个完全没有学术诚实的人。这样一来，我们便不能不对他的一切学术论著都保持怀疑态度了"。余英时原以为此文出，"风乍起，吹皱一池春水"，无奈他此时尚系无名小卒，《人生》乃小刊物，兼之彼时内地甚封闭，据郭沫若生前学术秘书戎笙教授告诉我，郭沫若根本不知道余英时此文，故余文面世后，纯属"潮打空城寂寞回"。大概是"无语难奈凄凉"，事隔37年，郭沫若、钱穆均已作古，余英

时又在1991年纪念钱穆之集子《犹记风吹水上鳞》中收入该文，次年并在香港《明报月刊》十月号发表《谈郭沫若的古史研究》文，重提此所谓学术公案，再次声称郭沫若犯了"严重的抄袭罪"。不久，便将《互校记》塞进《钱穆和中国文化》一书。郭沫若果真抄袭了钱穆著作？非也，纯属诽谤。《中国史研究》已刊出长篇学术论文《评〈十批判书〉与〈先秦诸子系年〉互校记》，以确凿事实证明，余英时对郭沫若罗织之罪名，"是没有道理和没有根据的"。余英时今日声名不小，为其喝彩者实繁有徒，甚至跟其学舌，著文报端以攻讦郭沫若抄袭钱穆。最近，丁东在其所编《反思郭沫若》一书中，继续将余英时文编入，而《中国史研究》所刊批驳长文，则一字不提。余以为，凡此，均超出正当学术批评之外，实乃咄咄怪事也。正是：

　　郭老著作抄别人？纯属风吹水上零！
　　余氏铸剑四十载，竟是烂铁镀假银。

（原载《北京观察》2000年第4期）

树殇

近日报载：西安市东关大新巷一棵有千年树龄、被西安市政府名列古树名木、明令保护的老槐树，近年来被人逐渐神化，"大树特树"，成了"树大仙"。每逢农历初一、十五就有人在树前烧香磕头，据说甚灵验；给树挂红、挂锦旗、挂匾者，实繁有徒。这不禁使我想起故乡一棵古槐的厄运。这棵古槐在古庙"广福禅院"旁，据万历年间《盐城县志》记载推测，此树树龄至少也在五百年以上。犹忆儿时，我每至高作镇，就要去"广福禅院"看佛像，并至古槐下玩耍。此树因年久，树干、树枝皆空，但枝头郁郁葱葱，槐叶翠绿欲滴。但不知从何时起，有人在树干空壳内焚香，见很多枯枝因内空而冒出香烟，竟惊诧莫名，说是神树，一传十、十传百，掀起对此树的造神运动。结果不断有人去烧香、膜拜，求医的、问吉的、求财的、求子的，络绎于途。古槐怎能经得起这样的"大树特树"，烟熏火燎？到20世纪50年代后期，终于枯萎而死。20世纪80年代初，我去镇文化馆参观保留的这棵古槐残存躯干，黯然神伤久之。呜呼古槐！它不是毁于风雨雷电，而是毁于人为的顶礼膜拜，这是"大树特树"的悲剧。南望家山，西望长安，长此以往，恐怕那棵千年古槐，离死期也不远了！对树不能"大树特树"，对人呢？回顾一下"文革"爆发的历程，洞若观火，真乃树同此理，人同此理也。正是：

木秀于林风必摧，何况凭空胡乱吹？

对人对树休大树，千万莫续树殇篇。

（原载《北京观察》2000年第5期）

疯狂消费

　　马克思曾经指出：古代国家灭亡的标志不是生产过剩，而是达到骇人听闻和荒诞无稽的消费过度和疯狂消费。古人消费，大体可分食、色两大类。那些暴君、巨贪，妻妾如云，恨不得天下美味，尽成"五脏庙"供品，故不必论矣。值得深思者，历史上某些著名改革家，亦追求疯狂消费，结果毁身败家、断送了改革事业。如明代宰相、一条鞭法推行者张居正，乃中国封建社会后期赋税史上杰出改革家。但他大权在握后，酷好女色，侍寝者众，力不从心，竟大吃海狗肾之类壮阳物，致燥热难当，"以此病亡"。（明·沈德符：《万历野获编》卷二十一）这不禁使人想起晚明陈眉公《戒欲词》："……一枝花箭，射英雄，应弦倒。"居正色乃如此，食又如何？同样过度、疯狂。其父病逝，他奉旨归葬，坐着三十二人抬的豪华大轿，餐时菜肴过百品，"居正犹以为无下箸处。"（明·焦竑：《玉堂丛话》卷八）结果居正死后，万历皇帝翻脸，抄其家，财产一空，家人惨遭迫害，老母命归黄泉。而居正之改革举措，尽遭

废除，落得个人亡政息之悲惨下场。反观时下，疯狂消费又何尝少见？与人赌气，一桌饭花去30万元者有之；用公款养数个小老婆恣情享乐者有之；利用手中权力，至豪华饭店接受吃饭、卡拉OK、桑拿、"三陪"小姐侍候"一条龙"服务，动辄花万元者有之……如此邪风大炽，前景堪虞。正是：

疯狂消费不言丑，昏然跟着感觉走。

待到毁家亡身时，想缩手也难缩手！

（原载《北京观察》2000年第6期）

"水浒气"

　　鲁迅先生曾深刻指出："中国确也还盛行着《三国志演义》和《水浒传》，但这是为了社会还有三国气和水浒气的缘故。"（《且介亭杂文二集·叶紫作〈丰收〉序》）限于篇幅，此处"三国气"存而不论。何谓"水浒气"？在相当程度上说，乃霸气、盗气、匪气、流氓气也。《水浒传》中恶霸形形色色，祝家庄庄主、西门庆、蒋门神之流，虽童稚亦耳熟能详；桃花山、二龙山等山大王，分明是占山为王、打家劫舍、为害一方之强盗；混江龙李俊、船伙儿张横辈，则是驾着一叶舟，"出没风波里"，动辄将客商扔进水里喂鱼的水上土匪；而花花太岁高衙内、没毛大虫牛二之流氓行径，同样令人切齿。

　　我们是社会主义国家，但社会上还存在严重的"水浒气"，乃有目共睹之事实。君不见，曾嚣张一时的大邱庄庄主禹作敏，论权势、气焰，绝不在祝家庄庄主之下，而类似禹作敏的称霸一乡或一村之恶霸，媒体时有揭露，只是此等鼠辈名气太小，旋起旋灭而已；持枪抢劫银行的大盗、披着公仆外衣贪污百万、千万的巨盗，在千岛湖杀人放火的土匪，堪使《水浒传》中的盗、匪黯然失色；而时下横行街头之活牛二、用古老的蒙汗药骗财杀人的诈骗团伙，我们又何尝少见？此等"水浒气"败坏社会风气，危害社会安定，并往往与权力部门腐败分子勾结，严重损害党和政府在群众中之形象。《水浒传》及相关之影视、戏曲作品，今日依然风行天下，其负面作用——如至今在现实中仍流毒甚广之"水浒气"，岂可等闲视之？正是：

《水浒》读烂熟，毋忘有糟粕。
试看"水浒气"，能说不歹毒？

2000年5月25日于忧天居

（原载《北京观察》2000年第7期）

胡攀风

对此题目，读者诸公不可望文生义，以为指胡乱攀附。熟悉文苑掌故者咸知，当年胡适先生名重当世时，有人竟公开宣称"我的朋友胡适之"如何如何，肉麻之至，从此成为著名笑柄。反观文坛，此类笑剧，又何尝一日停止上演？有人对已故著名学者，跟着假洋鬼子鹦鹉学舌，丑诋"剽窃""全无学术道德"，因深知死者绝不会从九泉之下起而抗辩。而对健在之文坛名流，则一一登门拜访，然后著文面世，说谁、谁都是他的好友，对他如何关心、如何赏识，似乎别人高尚，他也立马水涨船高，变得同样高尚。其实，明眼人一望而知，此"我的朋友胡适之"之最新版本而已，徒增新的笑柄。正是：

> 文坛从来邪风多，先后一波又一波。
> 无奈风小浑无力，旋起旋灭野山坡。

2000年7月1日于青萍斋

（原载《北京观察》2000年第8期）

裁判

运动场上，无不有裁判。其中最令人敬畏者，当属身穿黑服、俨然法官执法之足球裁判。甲、乙双方，谁是否犯规，全凭裁判哨声定音。文场竞争激烈，此点与球场相似。但作品优劣，若凭某个人充当裁判官，一人说了算，则显然荒谬。不必说得太远，"文革"中江青、康生之流，动辄以终审裁判官自居，宣布这个作品是毒草，那个作者是反革命，将"百花齐放、百家争鸣"方针践踏无遗。"文革"结束，人们痛定思痛，认定发展文艺、学术，舍"双百"方针，别无他途。新时期以来哲学、社会科学、文学艺术作品之蓬勃发展，充分证明此乃真理也。但总有个别人，官做久矣，习惯于发号施令，以个人好恶，对学术著作或文艺作品行政干预，以裁判官自居，制造风波，徒生困扰。如早几年，有位青年学者著成重论鸦片战争之史学专著，考辨翔实，议论风生，是中国近代史研究之杰作，深获史学同行好评。但某人觉得不合自己胃口，不仅点名批判，而且在作者单位评职称投票时，亲临坐镇，不准其升研究员。作者

无奈调往高校，远离该人，不久即升为教授，其著作亦更受国内外读者欢迎。又如某市评文学作品奖，专家评委会一致投票某报告文学作品应得奖，但某有司主管却无端插手，推翻评委结论，不让此书得奖。诸如此类，皆与"双百"方针风马牛不相及也。正是：

陈年陋习瞎指挥，"双百"方针搁一边。

岂可一人做裁判，作品任意定是非？

（原载《北京观察》2000年第9期）

"老作家"

作家，虽今日有多如牛毛之嫌，但不断有佳作问世，且人品文品俱佳之作家，仍颇受广大读者尊重，况著作等身、德高望重之老作家乎！但本文标题打引号之"老作家"，则属鼠窃狗偷之辈。明末西湖伏雌教主著《醋葫芦》第二十回写道："我来也终是老作家手段，见有人来，就闪过一边，已从墙穴内钻出。"此"我来也"，乃一贼中老手之绰号也。此处"老作家手段"云云，显属老穿窬者伎俩之同义语。大浪淘沙淘不尽，绿林豪客每相闻，故作案时每使用"老作家手段"，此点无足称奇。令人称奇的是，环顾当今学术界，使用"老作家"手段者，竟大有人在。早在20世纪80年代初，一份简报上即披露南方某研究红学之教授，将所指导的研究生毕业论文，提前署上自己大名发表；20世纪90年代以来，随着商品大潮滚滚而来，某些学者（按：古代学者、作家乃同一概念。已故史学家束世澂教授，著文提及学者，最喜用作家一词代之，此乃古风也）不知检点，将商海中买空卖空、投机倒把伎俩带到学术界，败坏学风；等而下之者，已是副教授、教授、博士导师，公然剽窃同行甚至弟子著作，媒体时有揭露。最令我肃然起敬的是，安徽社科联主办的《学术界》，改版后每期均有对戴着教授、学者桂冠的"老作家"指名道姓的揭露，为学风建设不遗余力。使人瞠目的是，有的高校对此类"老作家"竟熟视无睹，以致此辈照样招摇过市。如成都某中文教授，剽窃青年散文家伍立杨文章，经几家报刊公开揭露后，不以为耻，居然反咬一口，说揭发者无端给他脸上"刺下两行金印"，甚至辱骂原作者是"流娼""神经病"。如此拙劣表演，实际上仍为"老作家"手段；以攻为守，朝揭发者、原作者眼前撒一包石灰，泼一盆尿，然后溜之乎也，尽管他打着"自由谈"的旗号炫人耳目。作家王朔喜欢动辄"灭"了谁谁，我建议他著文"灭"了学界"老作家"，那才真正是大得人心。正是：

　　大江东去浪淘沙，学界竟有"老作家"。
　　鼠窃狗偷成何事，文海岂容泛沉渣！

　　　　　　　　　　　　（原载《北京观察》2000年第10期；
　　　　　　　　　　　　《海南日报》2000年9月8日）

小保姆言

　　我家小保姆小梅，鄂北山区人也，年方十七，初中文化。近日同看电视早新闻，见郊县某村党支部书记，恣意枉法，我颇气愤，说："这哪里还像共产党员？"小梅不以为然，说："这个支书虽不是好东西，但看上去还人模人样，再说人家毕竟是党员，正牌子的。我家那个村的支部书记，看上去尖嘴猴腮，人模狗样，连个党员都不是，杂牌子的。"我听后大吃一惊，说："不是党员，怎么能当党支部书记？"她说："他倒是想入党的，但他老婆生了三个小孩，超计划生育，上头不让他入党。也不知道他通过谁，给了谁多少好处，居然当上村支书了！他小学都没毕业，开会读文件，上句不连下句，我比他强多了，还不如让我当书记呐！"她哈哈大笑，我也大笑起来，心想：不是党员，居然当上书记，真乃天下之大，无奇不有，遂将此事当奇闻说给几位书呆子听，他们都感纳闷。可是，我在发廊洗头，与来自内蒙古大草原深处的打工妹小刘说起此事时，她微笑着说："您老爷子也是少见多怪。在我们那儿，这种事一点不

稀罕，我们村及邻村的支书，两人都不是党员，老百姓才不管他谁是谁呢！"我问这两人为人怎么样？她说："不怎么样！"我立马承认是少见多怪。

我纯粹平头百姓一个。没想到至少在某些农村，党内竟发生这样的咄咄怪事！但转而寻思：是党员又咋的？陈希同、王宝森之流，不都曾是正经八百的党员吗！也许这就是"假作真时真亦假"？正是：

　　　　休道杂牌太孟浪，真真假假一本账。
　　　　"街前骡子学马走，到底还是驴儿样！"
　　　　（按："街前"二句是明代歌曲词句）

2000年3月2日于大观楼

（原载《中外期刊文萃》2000年第9期）

天高皇帝近

语曰"天高皇帝远"，这当然是事实。元末台州、温州、处州谣曰："天高皇帝远，民少相公多。一日三遍打，不反待如何！"（明·黄溥:《闲中今古录》）官多如毛，吏治腐败，法纪荡然，民不聊生，最后只能是唯有一个反字了得，这是中国不知上演过多少次的历史悲剧。而细察古今，则又不难发现：天高皇帝近，遭殃的是老百姓。

清中叶学者陈其言《庸闲斋笔记》卷八载谓："因记黔中苗人称天子为'京里老皇帝'，称大小官府皆曰'皇帝'，其私称官府则曰'矇'。粤西瑶人称官府曰'瞎'。噫！'矇'、'瞎'之称，殆《春秋》一字之褒与？"这条史料颇为典型。"称大小官府皆曰'皇帝'"，可见土皇帝已滔滔天下皆是矣。妙的是，民之口诛，从来就是严于斧钺。一个"矇"字与一个"瞎"字，可谓点出了腐败官府之要害处。试问，哪一个土皇帝或贪官污吏，不是上骗中央王朝"京中老皇帝"，下骗劳苦大众，以售其奸，大肆侵贪？同样的是，他们无一不是睁眼瞎：对国法视而不见，不惜以身试法；无视民瘼，全不懂

"水可载舟,亦可覆舟"的自古明训。

后之视今,亦若今之视古也。谁能说得清,时下究竟有多少土皇帝?他们无一例外,同样皆是矇瞎。刚被执行死刑的高官成克杰,在广西时,就是个实足的土皇帝。他党龄不长,资格不老,原属庸才,何以能青云直上,直至身居国家领导人之一的高位?无非是把"矇"字钻研透了,专用其能。值得注意的是,他在广西时,利用手中大权,封杀舆论监督。《广西日报》总编深入基层调查后,发现一些单位头头为升官谎报成绩,虚构产值,著文见报后,成克杰大怒,即将该总编免职。没有新闻舆论监督,只能使成克杰这样的政治骗子、巨贪横行无忌。他居然不懂,像他这样的高官,退休后岂能随便在海外定居?却与姘妇李平勾结,贪污千万元,梦想将来在神仙窟里作逍遥游。仅此一点,即可知此人已"瞎"到什么程度!正是:

嗟叹天高皇帝近,变相裂土称王病。
贪官无不瞎与矇,矇到最后丢狗命!

(按:近日传闻,成克杰被判死刑后,曾向司法机关某副处长下跪,哀求"饶我一条狗命吧"!呸。)

(原载《北京观察》2000年第11期;

《深圳特区报》2000年11月19日)

"二两半文化"

　　"二两半文化"一词，出自某电视剧中一位陕西知青批评另一位老乡之口。不才闻之，不禁莞尔。笑定沉思，感慨良多。"二两半文化"，固然成了没文化或文化很少的乡民笑料。但细寻思，更可笑者，在文化界——包括吃政治文化饭者，"二两半文化"——甚至不足"二两半"者，又何尝少见？身无长技，我只好在文史界觅食，不断与报刊、出版社的记者、编辑、主任、总编打交道。其中有不少人，无知到让人难以置信。如：名牌大学中文系毕业生，不知方成、牧惠、邵燕祥是何许人也，说从来未闻其名；一位编辑问我，从北京去西安是否要经过上海；一位出版社负责人，将拙著中论及古代时"以封建皇权为核心"的"核心"改为"主事"，不通之至，而且令人生疑：难道"核心"成了专有名词？其实非也！又如：我近日下定决心，向学术界的腐败风气宣战，首先从我最熟悉的史学界开刀，用杂文笔调，写了一篇抨击泡沫史学的评论文章，被某报主管以所谓尖锐、"尖刻"会得罪史学界不少人为由，妄加删改成呵

痒式文章，可见讲正气、讲学习，不过是此辈挂在嘴边的空话，何尝打算贯彻？他们会做的只有一件事：如同马克思说的，拿一把简单的尺子衡量一切。好在高水平的编者毕竟有的是，我断然抽回此稿后，全文不但已刊于国家外文局主办的网上，而且即将在另一家大报全文发表。连以专吃文化饭名噪一时的人物究竟有多少文化，也令人生疑。作家余某，不是连《古今图书集成》《永乐大典》也一无所知吗？时下某些吃政治文化饭者的水平之低，更令人瞠目。如：毛笔字简直不堪入目，还雅好乱题，某司主管居然把"艰苦奋斗"之"奋"写成"粪"字，以致一位杂文家调侃曰："也通，掏大粪的粪斗嘛！"如此等等，形形色色的"二两半文化"者，简直不胜枚举。此类现象，果真可笑乎？否，可悲也！南宋陈世崇《随隐漫录》卷二载有《竹香子》，现抄录如下，用以为文化界、政界"二两半文化"者写照，尚望读者垂鉴——

　　浙右华亭（按：今上海市松江），物价廉平，一道会买个三升。打开瓶后，滑辣光馨，教君霎时饮，霎时醉，霎时醒。　　听得渊明，说与刘伶：这一瓶约迭（按：大约）三斤，君还不信，把秤来秤，有一斤酒，一斤水，一斤瓶。

庚辰年11月2日于鬼市

（原载《北京观察》2000年第12期）

健忘症

　　个人生理上的健忘症，并不可怕，即使医治不好，也不过是丧失记忆力而已，对国家、民族、社会，并无妨碍。倘若社会群体患了政治健忘症，则可能忘记历史经验，导致悲剧重演。"文革"惨祸结束，距今不到25年。但有相当一部分人，已将"文革"教训忘得一干二净。报载：到2001年春，内蒙古和林格尔县新红乡的八个行政村，仍然沿用"文革"时期"革命委员会"的公章，"在法律上生效"。党的十一届三中全会，及随后掀起的新启蒙思想解放运动，系统清算了个人崇拜的恶果、封建专制主义残余对党和国家政治肌体的侵蚀，并提出相应防范措施。但时下居然有人编著《红色官窑——文革瓷器》一书出版，宣传"醴陵和景德镇两地研制的领袖用瓷，就像一对双子星座，在中国瓷业史上永远闪耀着夺目的光彩"，狂热地为个人崇拜大唱颂歌，与《关于建国以来党的若干历史问题的决议》，与"人民公仆"思想，完全背道而驰。正是：

好了疮疤忘了疼，
前车之鉴不想寻。
"红色"之风又来矣，
历史警钟当长鸣！

2001年1月18日，马放南山

（按：此篇未刊出）

悬空经

　　三十多年前，我曾被赶到上海郊区参加根本搞不清的"四清"，听到不少方言，"悬空经"即其一也，大意为悬空念经，虚而不实。放眼新闻出版界，类似大念悬空经者，大有人在。近日发掘雷峰塔地宫的消息，被媒体炒得沸沸扬扬，动辄冠以"究竟有无白娘子""白娘子安在哉"的标题，将严肃的考古发掘戏说，不伦不类；更有消息推测，地宫中将有大量奇珍异宝出土，而消息炮制者根本不懂，此处不是统一王朝国力强盛的大唐法门寺，而是江南巴掌大的割据政权吴越，其主子钱俶对百姓横征暴敛，有的穷人上街，因无衣蔽体，只好手持片瓦挡住私处遮羞；他又患有堂吉诃德式的贵恙，令三千弓箭手向钱塘潮放箭，妄想将江潮射平，纯粹糟蹋人力、物力。显然，如此小国寡人，哪有钱采购大量奇珍异宝藏于塔下地宫？近日读一本反腐败书，其中有谓作者曾组织人对广西一百多名县级领导干部问卷调查，答案异口同声：须从源头上堵住腐败根源。作者因而断言，地方干部与中央领导同志看法完全一致，

反腐败形势大好。其实，此类问卷答案，不过是挑好听的说，表面文章而已。当年该自治区第二把手成克杰，不是多次作过反腐倡廉报告，号召与党中央保持一致吗？刑场上的枪声宣告，此人一贯念的是悬空经也。正是：

良将虎帐夜点兵，刀光箭影伴鸣金。
文贩贪官反其道，闭眼胡念悬空经！

2001年3月17日于冷眼庐

（原载《文汇读书周报》2001年4月7日）

笑熬浆糊

自电视剧《笑傲江湖》开播以来，网上恶评如潮，笔者不想置喙。某君谓此乃"笑熬浆糊"，倒引起我的另一番思索。若以此语来形容古今的某些人和事，堪称绝妙好辞。以"何不食肉糜"贻笑千古的晋惠帝，听到青蛙叫，居然问臣下"此鸣者为官乎？为私乎"？平心而论，历代帝王中满脑袋浆糊者，又岂止晋惠帝一人？大体而言，王朝中叶后的皇帝，多半皆此辈。即以明代而论，嘉靖一心成仙，隆庆浑球一个，万历酒色财气，天启顽劣异常，崇祯既缺乏把好事干到底的决心与能力，也缺乏把坏事干到底的决心与能力，只好学女缢，以投缳了结。嘉靖、万历二帝更是几十年不上朝，他们在宫中不是"笑熬浆糊"又是什么？环顾今日文化界，手拿剪刀浆糊之鼠窃狗偷者，有的居然成了富翁，是地地道道的"笑熬浆糊"者，固不必论矣。那几个著文为十年浩劫评功摆好，吹捧所谓"样板戏"是"红色经典"，写小说反对改革开放，妄图"长缨系日"，开历史倒车者流，哪一个又不是浆糊脑袋？正是：

春眠不觉晓，

处处闻啼鸟——

鸟人非别个，

浆糊脑袋耳！

2000年4月16日于爱鸟节

（原载《文汇读书周报》2001年5月2日）

老鼠过街

"老鼠过街，人人喊打"，此语流传已久。遗憾的是，传至时下，日渐有名无实。小偷在公共汽车上、街头、商店行窃，不少人视而不见，惟恐给自己带来麻烦，固不必论矣。以学术界视之，何以剽窃成风？原因之一，披着专家、学者外衣的鼠类，即使被人检举，却往往教授照当，博士依旧；以出版界视之，盗版书、光盘风行天下，屡禁不绝，主要原因，乃购者觉得此类"老鼠"价钱便宜，爱不释手，谁人想打？甚至专门揭露历史上官场形形色色硕鼠劣迹，及灭鼠教训的《中国反贪史》，也曾被京中动辄空喊灭鼠高调的大出版社拒之门外。更有甚者，与贼喊捉贼一样，居然鼠喊灭鼠。君不见，陈希同、成克杰、胡长清之流硕鼠，当年在台上，作起反腐灭鼠报告，谁不有声有色？正是：

> 几度风雨几度秋，
> 群鼠肥得一身油。

光天化日亦无惧,

只因见者不言愁。

2001年5月18日于大观楼

（原载《文汇读书周报》2001年6月2日）

盲道

　　寒舍所在小区，乃带有窗口性质之著名住宅区也，五年前即设有盲道。但曾几何时，此盲道即形同虚设：十字路口特殊的发声灯，早已不响，大车、小车在盲道上川流不息，小商贩占位设摊，盲人谁敢冒险来此？见媒体报道，别的城市也有类似现象。法国一位启蒙思想家曾谓"官僚主义即对形式主义的最大追求"，信然。但环顾文化界、出版界，一些人分明也是在读者眼前铺设盲道，让好眼变瞎，其后果，比前者将盲道弃如敝帚，更可怕也。君不见，戏说历史的影视作品、长篇所谓历史小说，不正如沸鼎烹油，其势正炽吗？多少人尤其青少年误以为这就是中国历史！君不见，有的科普读物，除专业教授、研究员外，人皆视为天书，青少年读者见之，视登科学之门比登天还难！如此等等，这不是盲道又是什么？正是：

　　　　清明时节雨纷纷，
　　　　多少读者欲断魂。

走的并非盘陀路，

皆因盲道误煞人！

2000年6月20日于汉口

（原载《文汇读书周报》2001年8月4日）

事儿妈

　　"事儿妈"，北方话也，意为多嘴、多事婆。妙的是，"事儿妈"并非仅指已生育成年妇女，凡无事生非、惟恐所处小天地不乱之女性，包括妙龄女郎，皆被人讥为"事儿妈"。如：我每月均在某发廊理发一次，洗发小工中有位女孩，年方十八，在该发廊打工不满二月，即被除名。询诸其他女孩，咸曰："别看她人小，事儿妈一个！样样都管，在同事之间及同事与顾客间，没事找事，制造是非，烦透了！"联想新闻出版界，"事儿妈"及类似"事儿妈"者，实繁有徒。某出版社编辑商定，拟来京召开某丛书作者、读者座谈会，请示该社领导，此公竟说不可，理由是其中三位作者乃"敏感人物"，上了某名单云云，其实根本乃子虚乌有。可怜堂堂社长，竟成"事儿妈"！某刊、某报，均以文学、文论相标榜，却经常刊载鲁迅曾大力抨击的文人间"妇姑勃谿"式相骂文章，弄得无聊是非蜂起，甚至不惜刊登连文学一知半解程度还不到、妄图一骂成名天下知者的诅咒文章（如最近某文论报刊登高某《附骨之疽：外行看热闹》，标题刻毒至极），更是比"事儿妈"更"事儿妈"也。正是：

文坛争鸣有百家，

何必争当"事儿妈"？

莺燕年年报春来，

谁人喜欢听乌鸦？

8月16日参观高昌庙废墟后作

（原载《文汇读书周报》2001年9月1日）

观钓

寒舍不远处，有一公园，园中有湖，清晨来此垂钓者，不下二十人。某日晨，我又散步至此，见一身躯肥硕之中年男子，手持撑架之豪华钓竿，端坐安乐椅上，闭目养神，身边一男一女，油头粉面，全神贯注水面动静。余见状大惑，小声询及一观钓者："此胖者何人，闭目垂钓，岂非笑话？"答曰："钱烧的，摆谱！听说这胖子是某独资公司董事长，身边男青年是他的司机，小姐是二奶，他俩一旦发现鱼咬饵，即通知胖子睁眼、抬竿！"呜呼，世上竟有此等钓者。友人王曾瑜教授曾著《空头主编满天飞》文，抨击某些所谓学术大腕，以权谋私，担任各类大书主编，但既不设计书之结构，亦不审稿，主编费却照拿，并列入其本人著作目录。寻思起来，此类空头主编，虽亦摆谱，但人格上恐比同样摆谱之胖钓者还要低下。胖钓者摆谱乃花其公司之钱，而空头主编所花之出书经费，从数万到几十万、几百万、上千万，近日更有飙升几亿之势头，无一非国家靡费也！摆谱形式不同，来源则一：腐败而已。正是：

胖垂钓者作威作福，

空头主编以权谋私。

摆谱摆得花里胡哨，

究其本质难分高低！

2001年8月16日于龙潭湖畔

（原载《文汇读书周报》2001年10月6日）

跑死马

俗话说，"看见山，跑死马。"联想时下越来越火爆的图书评奖热，不免心有戚戚焉。某某文学奖、某某图书大奖，沸鼎烹油，炫人耳目。不知底细之学人、出版家，把此等大奖，看作直插云霄的高山，仰望者再，钦羡莫名。但彼等哪里知道，若无关系，不四处活动，打通关节，此"山"永远可望而不可即，即使"跑死马"，也无济于事。"世上没有不透风的墙。"笔者最近去西北，某出版社负责人告诉我，某书之所以能入围某图书大奖，全凭该社编辑携五万元现金攻关结果；文友某兄，乃南方某文学奖评委，行前致电与我，曰："作者若与评委毫无关系，作品再好，也不会评上奖。想写文章抨击吗？不过是蚊子叮大象屁股，无用！"明乎此，我立刻懂得了，前年某市领导，居然能拿到杂文大奖，近日某市政要的充其量乃二流报告文学水平之某书，竟夺得大奖。尤令人不平者，学风不良、头顶乌纱之所谓学界大腕，竟跻身评委之列，或对优秀图书一言不发，或王顾左右而言他，而对关系户之图书，哪怕是二三流货色，竟闭眼一味叫好。显然，欲在此辈眼中公正评出图书奖，又安可得乎！正是：

> 腐败之风过林梢，
> 图书评奖亦难逃。
> 闪光未必是金子，
> 请君明辨察秋毫。

2000年10月17日于参观大象屁股后作

（原载《文汇读书周报》2001年11月3日）

三把火

　　语曰"新官上任三把火"。由于虽"古道西风瘦马",却
"寿比南山"的用人惟亲作祟,无论是政界、新闻出版界,
均有某些官员,或学而劣则仕,或一阔脸就变,上台伊始,
即大放邪火。某报新上任之副总编,学问不大,脾气不小,
动辄训斥属下,一次竟责问编辑:"余光中是逃到台湾去的
自由化分子,怎能发他的稿?"某出版社负责人与此君水平
不相上下,问编辑:"李时珍是男的还是女的?倘是女的,
了不起,我们可以出版她的传记。"闻之皆令人绝倒。近日
某文化出版社,原领导调走,他当年调进该社之某人,官拜
第一把手。此人上台放的第一把火就是不分青红皂白,凡
前任所约之稿,皆统统枪毙,包括名家牧惠、韩小蕙等已
排出清样之书稿。人未中邪,却如此放火,难怪京中有文
友惊呼:邪了门了!正是:

　　　　枯枝在冷风里摇,
　　　　邪火在暮色中烧,

啊，邪风吹乱我的头发，

教我如何不说他？

2001年11月15日于白云观

（原载《文汇读书周报》2001年12月2日）

问泉

学术腐败，乃最严重之斯文扫地，有识之士，皆甚忧之。问渠哪得浑如许，为有源头浊水来。源头之一，即某些图书评奖活动。此类评奖，往往是官本位产物，不仅有司之主管，动辄一锤定音，说某书好，即可中奖，说某书不好，某书立即落马，再好亦无用；所指定之评委，不少人并非学界公认之专家，而系带长字号学官，其中不乏人品、学风皆等而下之者。某教授，乃史学界熟知之二三流学者，近几年无书不当主编，质量之次，姑且不论，有的书竟公然抄袭他书，令人侧目。但此公长袖善舞，俨然以史学界泰山北斗面目频频出现于媒体，连任某图书大奖评委。深获学界好评之专著，被他一再否决，而他主编的有几十条错误的小人书，却力争要得大奖，落榜后，竟愤愤然。更有甚者，点校古籍错误百出者，居然是古籍大奖评委；从未写过杂文者，竟荣任杂文大奖评委主任……至于走后门，以钱开路，更成公开之秘密。试问此等图书评奖，除为学术腐败推波助澜外，又能评出什么？正是：

问渠哪得浑如许?

为有源头浊水来……

平庸书籍得大奖,

只缘评委有蠢材!

2001年11月15日于日月楼

(原载《文汇读书周报》2002年1月4日)

且去做人

　　许多文史爱好者都熟悉这样的一个掌故：北宋词人柳永，少年时到汴京应试，由于擅长词曲，为歌伎填词作曲，声名远播，更自作词云："忍把浮名，换了浅斟低唱。"有人曾向宋仁宗推荐他，仁宗显然早已接到过什么人打的小报告，冷笑一声，批了最高指示："此人风前月下，好去浅斟低唱，何要浮名？且去填词。"这种对柳永的轻蔑态度，是一望而知的。

　　由"且去填词"，倒使我想到了政界、文化学术界的一个严肃话题：且去做人。幼儿看电影、电视，常常问大人：这是好人、坏人？可见虽三尺童稚，心目中也有一个做人的标准。反观政坛、文坛，茫茫人海，别看不少人头上顶着人民公仆、共产党员、教授、博士生导师、当代名流等五光十色的桂冠，但揭开其老底，连做人的基本标准，都没有达到。成克杰、胡长清之流巨贪固不必论矣。已被撤职的宁夏吴忠市原副市长王明忠，所率车队将女童逼至河中，见死不救，媒体曝光后，全国舆论哗然。处理他的决定，说这个那个，我看实际上有一条就够了：王明忠干的不是人事儿！

　　前几年早已劣名远扬的剽窃大王王某，最近居然又浮出水面，故伎重演，"一鱼四吃"，弄出四部错得一塌糊涂的大词典，再次遭到学界痛斥后，居然以名人自居，多次威胁、恐吓参与编词典的中学老师，完全忘了世上还有"羞耻"二字。试问这样的伪词典专家，也配叫作学者吗？尽人皆知，夫北大者，乃五四运动策源地，产生过蔡元培、陈独秀、李大钊、胡适之等泰山北斗的北大也。现在居然冒出了个教授，一本书就剽窃了人家十万字！须知，在美国的法律中，剽窃他人文章、书籍，视其情节，是与小偷、拦路抢劫罪同等论处的。

　　总而言之，政界犯事的官员也好，文坛的扒手也好，他们的惟一出路，只能是：且去做人！任何狡辩，任何花招，只能是在烂泥塘里打滚而已。

（原载《北京日报》2002年2月11日）

武大不朽

　　《水浒》中之武大郎，忠厚、善良，但身材矮小，"三寸丁谷树皮"，大概是脸上长着白癜风之谓，形象丑陋，猥琐，死于非命，距今远矣。上世纪80年代，漫画大师方成先生以奇思妙想，作《武大郎开店》，发表后轰动文坛，从此"武大郎开店"，成了新成语，是对形形色色嫉妒贤能、压制人才的掌权者之绝妙讽刺。我曾对方成先生戏曰："您就凭这幅《武大郎开店》，就可以永垂不朽。"方老闻之不禁莞尔。因此画起武大于九泉之下，激活起生命，使其永垂不朽，是方老的艺术过人处。但"开店"武大郎的永垂不朽，实在是国人的悲哀。放眼政界、新闻出版界、文化界、学术界，类似"武大郎开店"者又何其多也！前些年，宣传口某主管曾致电某报负责人："一律从中学毕业生中招聘编辑、记者，不要大学生。"原来此公就只有中学文凭。京中某大学某系负责人，凡同事学术论文送其审阅，起码压一年半载，惟恐别人超过他；某学者学术成果显著，在其手下，只评为讲师，后愤而去南京，不久就评为教授。某历史研究所领导,评学术成果奖时,给自己的书评上一等奖,面不红、心不跳,而真正优秀之著作,则打入冷宫。如此等等,正是:

> 武大去了又来了,
> 其店越开越显小。
> 何时永别武大郎?
> 遍看古今谁人晓!

2002年元月17日于燕山下

(原载《文汇读书周报》2002年3月29日)

破头先

　　江南乡间有"破头先"之说，稗史中亦偶见之，今人多不解其义。查清中叶青浦王有光著《吴下谚联》卷三"破头先"条谓："劈头得一不祥语，谓之破头先，世多忌之。"并举例：传说明朝一代忠良于谦问终身祸福于嫂，嫂骂"天杀"！后果然在英宗复辟后被杀。显见"破头先"语含晦气、倒霉之意，故遭世忌。此语流传渐稀。但另一种"破头先"现象，却随处可见：学而劣则仕，某些庸才、劣士、鄙夫、陋儒，寅缘攀附，竟成了一些单位的头头或带头人，于是该单位很快晦气重重，无异倒八辈子邪霉。一些国有企业破产后，往往挖出蛀虫，原来企业乃被破头儿贪污、挪用、挥霍殆尽；北京某出版社，乃拥有金字招牌之老出版社，从后门进来对出版仅一知半解的王伦式人物当头后，强项被砍，人才流失，负债累累；南方某报原领导谢世，新任主管乃不读书之辈，编辑千方百计约来名家之稿，竟遭其白眼，不入流之地方人士文章，充斥版面，如此搞文学地方保护主义，何其愚也！正是：

挥之不去破头先，

时下晦气更蔓延。

何日庸劣尽下野，

"九州生气恃风雷！"*

*龚自珍诗句

2002年4月8日于辟邪斋

（原载《文汇读书周报》2002年4月26日）

独木桥

俗曰"三百六十行，行行出状元"。语出何典？待考。但三百六十行一词，乃明中叶商品经济蓬勃发展之产物，不才曾有专文考证过，此处不枝蔓。"三百六十行，行行出状元"，乃近代多元成就感思想之萌芽，难能可贵。随着科技发展日新月异，社会分工越来越细，各行各业专家并驾齐驱，与日月共争辉，多元成就感，乃当代人高度精神文明之标志也。反观咱大中国，时下仍风行一元成就感，唱着"万般皆下品，唯有做官高"的老调子，实在与时代潮流相悖。如：南方某医学博士、外科专家当小市副市长，终日被行政琐务、宴请包围；天津某著名作家不精心写小说，非要弄个学官当当；某世界跳水冠军不是继续为跳水发挥才华，却当上某市体委副主任，学做官。如此等等，均表明在很多人心目中，以当官为至高无上，故殊途同归，共走独木桥——做官去！此乃官本位陈腐观念使然也，是"四化"之堕力。正是：

天下道路千万条，

何必单走独木桥？

成就本应多元化，

莫教乌纱误尔曹！

2002年5月18日于牛屋

（原载《文汇读书周报》2002年5月31日）

扛乱乎？憨卵乎？

近日有人在某报撰文，开头曰："耐个扛乱良友勿晓得阿要泥土气。"然后解释："这是吴方言，翻译成普通话，意思就是'你这个傻瓜，《良友》都不知道'，不是乡巴佬么！"其实吴语中并无"扛乱"一词，乃"憨卵"也，与北京土语"傻×"同义，比"憨大""傻瓜"更矮一头，颇显鄙视。妙的是，虽南、北文化有异，这两个词却居然对仗，天衣无缝，堪发一噱。倘姑且将"扛乱"作"添乱"解，环顾文化界，令人"发噱"者，简直是"乱哄哄，你方唱罢我登场"。北京某小说家在某刊撰颂莲文，居然说，清朝周敦颐写过一篇《爱莲说》，此文还被文摘报纸转载，而稍有文史常识者皆知，周敦颐是宋朝人；最近某相声大家在京中一家报上刊出《北大荒的神秘部队》序言，文中有谓："江泽民总书记在指示文学艺术家要走进生活的一封信中，给我们引用了两句唐诗'问渠那得清如许，为有源头活水来'。"同样稍有文史常识者皆知，此乃宋代朱熹《观书有感》后二句诗也，前二句是"半亩方塘一鉴开，天光云

影共徘徊"。翻翻唾手可得的《千家诗》便知。艺苑名家如此不认真读书，难怪近日某歌手在文化常识考试时，将马致远小令《天净沙》"古道西风瘦马"竟念成"古道西风瘦驴"，真乃典型的驴唇不对马嘴。《四库全书》共3460种，计75854卷。文友牧惠老茂才曾告我，他与某副省长有一面缘，这位长官曾致电图书馆："听说你们有《四库全书》，借来我看看！"令图书馆负责人啼笑皆非。呜呼！看来侯宝林大师的相声《关公战秦琼》，不万岁也要千岁矣。正是：

> 捧腹笑料常耳闻，
> 驴唇不对马嘴唇。
> 谁个不说读书好，
> 认真读书有几人！

2002年5月17日于老牛堂

（原载《长城润滑油》报2002年6月20日）

落差

　　利用因河床高度变化产生落差所形成之巨大能量可以发电，利国利民，皆大欢喜。而反观社会科学界之种种落差现象，则令人大惑不解。例一，有资格称得上铸造中华民族灵魂的诗人光未然，生前未能见到其文集出版，遗憾终古。此集也不过五卷，170余万字，京中大出版社林立，早就该为光老出全集，却无人问津。后幸有诗人企业家孙毓霜慷慨赞助，文学评论家何镇邦、谢永旺等热心编辑，此集才得以印成，惜光老已往见马克思矣。为几代海内外华人传唱、必将世代传唱下去之《黄河大合唱》词作者，其全集难道无企业家所掏十几万元，就不能出版乎？我为光老一哭！而每年出版界推出之庸书、废书、甚至坏书，又何可胜计？对比之下，落差之大，真似"银河落九天"也。例二，诚如著名作家韩石山所言，越是没文化的人，越像个文化人。最典型者，莫过于对中国历史一窍不通者，竟能在报上辟专栏，大谈历史，谬论迭出，还居然被编者奉为名家；点校古籍错误百出者，摇身一变，竟成古籍整理成员，指导整理古籍，并任图书大奖评委。如此等等，正是：

　　　学海真无涯，
　　　看得眼发花。
　　　事物常颠倒，
　　　谁来管落差？

　　　　　　　　　2002年6月17日于坐看云起时
　　　　　　　　（原载《文汇读书周报》2002年6月28日）

神童误

从上世纪70年代后期起，媒体不时报道神童：三岁识字、四岁画画、五岁作文、十岁上大学等等。近几年又行情陡涨，出现儿童出书热，还在读小学的小姑娘，出版了《小草与大师对话》，还未上学的六龄童，长篇小说《窦蔻流浪记》竟已面世，轰动一时。不可否认，包括前述二位小朋友在内，某些儿童在某一方面——如文学——有特殊才能。但如无家长、出版社精心操作、加工，就不可能有这些作品问世。那位小女孩如果不是其老爸在文坛位居要津，与巴金、季羡林辈文坛巨匠对话，又安可得乎？如将《窦蔻流浪记》之原稿与出版社之改正稿、校样对照，也当不难有所悟。神童热之背后，是封建文化之升腾，唐、宋科举有童子科，赴举者称应试神童，热闹一时，点缀升平而已。宋真宗时蔡伯俙因三岁能朗诵御诗，对几句对联，真宗赐予"三岁奇童出盛时"诗一首，从此一生富贵，活到八十多岁才呜呼，"寂无所传"，亦即无任何贡献。更可悲者，明末江南专门有人利用神童招摇撞骗：训练童稚背诗、写字，携其出入官府, 官老爷夸上几句, 便四处炫耀, "累月而至千金"。思想家黄宗羲曾痛斥此乃"以教猢狲、禽虫之法, 教其童子, 使之作伪, 将奚事而不伪"。古人有三句话, 发人深思, 抄如下:

十岁神童,
二十岁才子,
三十岁老而不死。

2002年7月20日于求实斋

（原载《文汇读书周报》2002年7月26日）

碑林

　　友人某，乃文艺界享盛名者。近日告我：前些时，有外省某县主管敲门，询之，乃求其墨宝者，并托其介绍京中司、局级官员，逐一登门求字，拟在该县建书法碑林。友曰："司、局级何其多也！谅多数人书法均无造诣，甚至有其字丑不忍睹者，一旦退休，无权无势，默默无闻，将来你们如何处理其碑？"来客回答甚干脆："届时我们将这些碑拆掉，垒猪圈用，再请新领导写字，重新立碑。"余闻之捧腹，友感叹曰："拉关系竟如此不择手段！那些写字的人，以为刻于碑，便永垂不朽矣，孰料未来竟与猪为伍。"笑定思痛，官场花样，竟至于斯！时下虽居要津并无政绩，却不择手段妄图不朽者，大有人在，恐欲立名于某县碑林辈，尚属小焉矣哉。正是：

　　　　君有何德与何能，
　　　　欲将庸书刻碑林。

知否他年垒猪圈，

打着火把亦难寻！

2002年8月15日于破邪"知名不具"斋

（原载《文汇读书周报》2002年8月30日）

越位

　　曾子曰："君子思不出其位。""左"的年代，对此语一棍子打死，谓其麻醉被剥削、被压迫者，安于被奴役现状。现在看来，此亦片面之论也。验诸现实生活，无论官民，倘不安其位，胡思乱想，动辄越位，则往往为社会不容。足球场上，因越位在先，即使进球，亦无效，固不必论矣。利用权力贪赃枉法、包二奶等等，其实不亦正是越位行径乎？即使学术、文化界，越位现象也是屡见不鲜。如某人，原在某有司管总务，读书甚少，后竟委以领导某文化团体重任，已属越位；此公又无自知之明，经常发表"重要"讲话，居然说出"《诗经》是我国第一部散文集，其中《孔雀东南飞》很精彩，罗敷的形象很动人"那样不通至极的话来。又如某人，高中文化，原系某领导秘书，后调任某人文研究机构，成了负责人之一，居然摇身一变，成了博士生导师，不知其博在何处，以何物导人？另一要员，原本学的理工，现已是两门人文科学之博导，正拟再当人类学博导，全不怕误人子弟。此辈若能从"君子思不出其位"有所悟，又安

能胆大妄为, 徒增笑柄乎! 正是:

明明碗里有鱼肉,
偏要惦记龙肝汤。
以为权大学问大,
管它斯文付大荒!

2002年9月1日于各就各位斋

(原载《文汇读书周报》2002年9月27日)

曼殊泪

　　前年去珠海，向路人打听苏曼殊故居，皆曰不知。去冬在中山，有友人开车，送我与方成参观历溪村曼殊故居，终于如愿以偿。穿过小巷，至曼殊故居前，但见三间老屋，铁将军把门，门前有旧砖一块，方便面袋一只，小孩拉的屎一泡。我与方老不胜感慨：一代诗僧、小说家故居，竟冷落至此！我问附近一中年妇女："知道苏曼殊否？"答曰："知道。听说他是毛主席手下的一个兵。"呜呼，曼殊若地下有知，闻此邻妇言，当欲哭无泪矣。

　　近日去盐城，随着建阳镇陆秀夫故里文物之修复、重建，陆忠烈公英名渐播，但有位地方官员竟质疑："历史上到底有无陆秀夫其人？"联想时下某些青少年，不知朱德、周恩来，更何况历史名人乎？倘下一代又下一代青年，满脑尽是歌星、影星，不知其他，则民族前途堪虞。正是：

　　　　不知陆沉有秀夫，

　　　　何况诗僧苏曼殊。

普及历史是时矣，

识者齐来鼓与呼！

2002年10月19日于杞天居

（原载《文汇读书周报》2002年10月28日）

枪手

　　今夏在香山开会，得悉某史学研究者之博士论文，乃花钱雇人代作，事发，被取消博士资格。近有友人告我，某著名学者亦充当枪手替人写论文。闻此等消息，余并不惊奇。无论封建社会，还是近日西方发达国家，文场枪手之"枪"声，断而相续，时有所闻。但近日见有资料披露，时下若干大学生、研究生为某些机关干部代考成风，并明码标价：英语四、六级800元左右，硕士学位考试单科1000元到1500元左右，中级经济师1000元左右，成人高考单科300元到400元，自学考试也是300到400元左右，如将自学考试16科全拿下可得6000多元钱。见此，余甚感惊诧：用人惟文凭、学历是举，导致假文凭泛滥成灾，与唯才是举，相差亦何远也；枪手所得报酬，何其低廉，足见某些人剥削青年学子，其腐败属寡廉鲜耻之尤。同样令人心惊者，个别研究生导师，竟为弟子充枪手牵线搭桥，其学风败坏至何种程度，可想而知也。正是：

考场肃穆静无声，
枪手答卷费苦辛。
试问公仆升官日，
午夜梦回不心惊？

2002年11月7日于辟邪"知名不具"斋

（原载《文汇读书周报》2002年11月29日）

韵芬诗

　　近读叶鹏飞先生编《钱名山书法选》,内有名山随笔一则,谓:"金山高吹万与其女韵芬唱和于乩……兹见韵芬诗有云:'千士捐躯易,群生悔罪难。'句法既工而参以佛意,遂觉高出千古。"钱名山乃清末民初江南鸿儒,是一位富有民族气节的诗人、书法家。他盛赞高韵芬这二句诗"高出千古",对今人颇有启迪。二次大战结束已57年,但日本之右翼势力,何尝有半点悔罪之心? 即以我华夏子孙而论,"文革"动乱之风呼啸而起,包括笔者在内之多数民众,当时一味盲从,推波助澜,涉及国民性深层次劣根,如今反思、追悔又有几人哉! 连参加过"四人帮"写作组者竟讳言其事;近日更有人著文说祸国殃民之"文革",不能叫"十年浩劫"……呜呼,"悔"字安在哉! 正是:

　　　　壮哉韵芬,
　　　　诗意精深,

高出千古，

石破天惊！

2002年12月16日于遥拜南天斋

（原载《文汇读书周报》2002年12月27日）

恐高症

朱镕基总理最近在一次会议上，谈到经济形势，他说自己有"恐高症"，告诫人们要头脑清醒，不要盲目追求高指标。

联想学术文化界，可悲的是，某些人实际上患了"惟恐不高症"，恨不得一夜之间，即扶摇直上，平步青云。封建社会确有"盛世"，但用顾炎武的话说，是农民尚能"聚于乡"也，用鲁迅的话说，是"暂时做稳了奴隶"；倘以稀粥来划分中国历史，则"盛世"阶段，亦不过是大多数人尚有稀粥喝而已。近年有治清史者，不断著文粉饰充满文字狱血腥气的"康雍乾盛世"，将某研究清史机构之成果，说成字数以亿计，吹到天上，然后再"下凡"人间，说今日"盛世"，当"盛世修史"，步二十四史风流余韵，不亦快哉！申请经费几亿，全不顾我国尚属社会主义初级阶段，少说还有几百万贫困山区农民，连吃饭都成问题，子女失学。如此攀高，只能助长史学泡沫风。

看来，苏东坡的千古绝唱，值得今人反复玩味：

我欲乘风归去，

又恐琼楼玉宇，

高处不胜寒！

2003年2月22日于长安街

（原载《文汇读书周报》2003年2月28日）

节本

　　中华人民共和国成立前"世界文库"本的《金瓶梅词话》，删去露骨的性爱描写，称为节本，删节后之版本也；又称洁本，所谓不干净处已涤尽矣。中华人民共和国成立后出版之《金瓶梅》(内部发行者除外)及《三言二拍》，均如法炮制。利弊如何？此处不枝蔓。近日在沪探望学林前辈何满子先生，何老示我在某社所梓其大作《世纪末抒情》，竟有两种版本，开本一大一小，但大者徒有其表，被出版社强行删去多页，二万余字。何老苦笑曰，此节本也，他断然拒绝发行。当日携回宾馆对读，余性也愚，绞尽脑汁，亦未看出有半点不洁处，或有违"四个坚持"处。何故非删不可？令我大惑不解。其实此类多半由出版社领导终审时用神奇眼力看出有"毒"，必须消除之事，迭相发生。前年我替某社主编之文丛内，何老大著，即被删去四篇，其实皆在报刊上发表过，哪有违碍处？究其因，非一言能蔽之。正是：

节本频添徒困扰，

佛头著粪何时了？

有法不依实堪悲，

法外之法最可恼！

2003年3月20日于且看楼

（原载《文汇读书周报》2003年3月28日）

求子乎

近日返乡扫墓。清明前一日，适逢农历三月三，西阳村千年古刹，香火鼎盛，赶庙会者络绎不绝，余亦往焉。

大殿外场上，亦置菩萨数尊，善男信女，焚香叩首者再。见有二位妙龄少女，状似中学生，随人流至送子观音前，亦磕头、焚香。余不禁捧腹。笑定沉思，二女孩肯定不知送子观音系何方神圣，保佑凡人何事，乃从众，见菩萨即拜而已，盲从也。从历史、现状观之，在政治、文化领域，国人之盲从劣根病，又何尝少见？"文革"若无亿万人之盲从，焉能山呼海啸，闹腾十年之久。正是：

少女求子太荒唐，
不明究竟无事忙。
一味盲从实堪悲，
空教他人说短长。

2003年清明后七日于皇城根

（原载《文汇读书周报》2003年4月25日）

《马经》·弼马温

　　《马经》一书，不见于《丛书综录》《四库全书总目》之类大型工具书，管窥所及，仅王毓瑚先生《中国农学书录》曾著录，谓大约是宋朝人常知非撰，书早已不传。但明代赵南星（1550—1627）撰《赵忠毅公诗文集》曾引《马经》一段文字，未知此《马经》是否即前述《马经》？待考。赵公所引文字是："《马经》言：马厩畜母猴辟马疫，逐月有天癸流草上，马食之永无疾病矣。《西游记》之所本。"原来母猴之"天癸"即月经流到草料上，马吃了，可以辟马瘟，这就是《西游记》里美猴王孙悟空官拜"弼马温"之由来，"弼马温"乃"辟马瘟"谐音也。吴承恩老先生给公猴孙悟空按此头衔，乃幽上一默，令人捧腹。而其笔下之玉皇大帝，居然一本正经地传旨："就除他做个'弼马温'罢。"分明是欺骗孙大圣。天上玉帝乃人间皇帝之翻版也，哪个皇帝不骗人？高明如孙悟空亦大上其当，普通百姓可想而知矣。赵南星文集现藏美国国会图书馆，台湾有影印本。友人苏同炳教授读后，著短文介绍（见《长河拾贝》），揭开"弼马温"之谜,功不可没。不见同炳兄二年矣,近日台北"非典"披猖,祝福同炳兄及家人无恙。"金猴奋起千钧棒,玉宇澄清万里埃。"悟空何在?思之怅然。正是:

稀奇古怪弼马温,

原来典出猴月经。

帝王无非瞒和骗,

玉皇才是害人精!

2003年5月18日于举国抗"非典"时

(原载《文汇读书周报》2003年5月30日)

短视

　　俄国文豪高尔基曾谓：我们应当站在时代的顶峰，去看遥远的过去。高老先生谈的是文学。依管见，论历史更需此等眼光。反观时下史学及相关文学作品，某些作者形同坐井观天。某史家艳说康雍乾盛世何等辉煌，盛赞康熙皇帝与同时之俄国沙皇彼得一世，乃世界政治舞台之翘楚。其实康雍乾138年间，西方之欧洲、北美，经过资产阶级革命，已陆续走上资本主义道路。蒸汽机轰鸣，近代工业崛起。彼得大帝亲赴荷、英、普鲁士考察科技，延揽英才，开放国门。而康雍乾三帝，闭关锁国，禁海禁矿，妄称天朝，老子天下第一，实行封建专制，大兴文字狱，以围猎时开弓放箭，杀死几只野生动物欣喜若狂。其故步自封，为近代中国之悲惨命运埋下祸根。描写此段历史之长篇小说及据以改编、充斥荧屏之电视剧，更远离世界文明史，闭目关门造车，其结果只能是重复夜郎自大式的历史梦呓，有悖于改革开放之时代精神。好诗不厌千回读。正是：

欲穷千里目，

更上一层楼！

2003年6月19日于白塔下

（原载《文汇读书周报》2003年6月28日）

筐

上世纪80年代初，掀起文化热，竹文化、荷花文化、厕所文化、烟文化等满天飞。当时笔者怀疑，这样下去，也许鼻涕、狗屎皆成文化。有识之士不断疾呼：文化不是筐，样样朝里装。现在，颇为热昏之文化热，渐趋冷却。但曾几何时，却又冒出以文化学者自诩者。某某作家，分明是位散文作家，而且有几篇确属一流水平，虽然笔下也有多处常识性错误，终究不失为是散文大家。怪的是，此人偏要标榜乃文化学者，到处作学术报告，频频在电视上侃侃而谈，满脸文化状，但终究非学者，难免捉襟见肘。无独有偶，某电视台文化频道，近来又冒出一位文化学者，经常露面，谈姓氏，说园林，评古建，论语言……俨然是百科全书式学者。但行家发现，所谈皆皮毛，且动辄风马牛。作家不等于学者，学者不等于文化学者，何苦硬着头皮充当文化学者？"板凳须坐十年冷"，无此功夫，称学者，谈文化，岂能不妄乎！

现集范仲淹、辛弃疾词句凑成一联，与所谓文化学者
共勉：

　　　　明月楼高休独倚，
　　　　春在溪头荠菜花。

　　　　　　　　2003年7月16日于"不到半瓶醋"斋
　　　　　　　（原载《文汇读书周报》2003年7月25日）

寡夫门前

语曰"寡妇门前是非多"。寡夫呢？是非更多矣。吾中土秦始皇，乃国史上第一个专制寡头，容不得半点不同声音，"以古诽今者族"，悼然"焚书坑儒"。希特勒上台后，谁在街上胆敢高呼"打倒希特勒"，即被警察关押一星期（按："四人帮"时若有人高呼打倒江青，即判重刑，甚至杀头，可见土法西斯比洋法西斯更法西斯）。此辈独夫民贼，至今仍遭民众之口诛笔伐。或许是遗毒侵蚀使然？文化界某些舞文弄墨者，明明不过乃一介布衣，却偏要坐大，俨然文化寡头，视批评者如仇寇。如北方某文士，学风甚劣，对批评者或持异议者，动辄寄去辱骂、恐吓信，王蒙、刘再复、高尔泰、赵国华（已故）、王震中等，皆"与有荣焉"，实属宵小也。南方某作家，自炒加媒体哄炒，声名似丽日中天，但批评者亦蜂起。此人非但无半点反思，竟在电视上说批评者皆书商操纵，甚至连连告之法庭，结果招致更多批评、抨击。君非秦政，有何批评不得？正是：

寡夫门前是非多，

此辈早已逐逝波。

文章得失千古事，

何必柱自吹法螺！

2003年8月10日于白塔下

（原载《文汇读书周报》2003年8月29日）

变声

　　不才近日在书店购得周璇、毛阿敏VCD两张，包装精美，价格适中，甚感愉悦。不料回家播放后，顿感不快。谁人不知周璇乃金嗓子也，一曲《四季歌》，七十年来迷倒多少听众！但此光盘中所有歌曲，皆非周璇声音，乃无名氏所唱，连二流歌手水准亦未达到，充其量铜嗓子而已。而另一张光盘中，除《思念》是毛阿敏所唱，其余均为匿名歌手所为，水准更低。羊年已过去大半，"挂羊头卖狗肉"者，仍不绝如缕。其实比起政界、学界之弄虚作假者，区区两张"变声"光盘，当属小焉矣哉。正是：

　　　　"方调琴上曲，
　　　　变入胡笳声。"*
　　　　卖狗每悬羊，
　　　　多少假作真！

　　＊庾信诗句

（原载《文汇读书周报》2003年11月28日）

"到此为止"乎？

　　余设想：若在北京王府井，或上海南京路，随时找100个25岁左右的年轻人，对其口试："英法联军""八国联军"侵华，犯下何等罪行？"义和团"盲目排外，造成什么后果？为啥说台湾是我国不可分割领土？何谓九一八事变？谢晋元是何许人也？"文化大革命"如何祸国殃民——恐怕多数人皆不及格，甚至一些人会得零分。

　　不能一味指责青少年无知。反思中小学历史教育，社会对历史知识普及之存在问题，是其时矣！多年来，历史教育及历史知识之普及，被严重削弱。笔者1954年曾执教初中一年，当时不仅有中国史课程，而且有世界史。曾几何时，很多初中已与历史课无缘矣。青少年不患历史遗忘症，又安可得乎？

　　令人吃惊者，毛志成先生近在《安徽文学》第9期刊出《历史首先意味着"到此而止"》，声言"喋喋不休地唠叨陈年老账，有时是时代前进的天敌"。主张"小学的历史教材有十几页即可，初中（包括中国史、世界史）的历史教

材有几十页即可"。诚然，作者也指出患历史健忘症"是德商、智商低下的标志"，也确有作者抨击的强化历史，"吃古""贩古"，诸如有公然用举手表决确定传说时期历史年代者在。但作者如此大大削减历史教科书之后果，不是加重青少年历史遗忘症，又能是什么？

"强化古老记忆者"不过是史学界翻云覆雨者啖饭之道，人数甚少，不足深忧。而多数青少年对历史茫然无知，是国人之悲哀，民族之悲哀。正是：

> 休道先生不简单，
> 药方仍是旧时丹。
> 历史虚无沉滓起，
> 更多愚盲在人间！

2003年12月20日于日照楼

（原载《文汇读书周报》2003年12月26日）

哲学之贫困

　　我在少年时，即读过艾思奇的名著《大众哲学》，虽并不全懂，但毕竟懂得哲学之基本概念，对治学、做人甚有裨益。当时此书风行天下，有初中文化者，大体即能读懂。何谓哲学？定义甚多，但依愚见，均不及某人之解释通俗易懂："哲学就是明白学。"此人后来名声不好，但不可因人废言。旁观世事，不少人对哲学一无所知，或不求甚解，故难成明白人。有的人因讨不到工钱跳楼，个别中学生因未考上大学而自缢身亡，他们若稍有哲学头脑，明白困难在一定条件下会转化为胜利，"失败乃成功之母"，又怎会出此下策，走上绝路？当代社会既未重印《大众哲学》，或重写此类通俗著作，普及哲学常识，却误把非哲学书当成哲学书大肆捧场。如有人将教人如何圆滑，如何打政治、生活太极拳的处世之道，美其名曰处世哲学，出版后喝彩者多矣。呜呼，凡此非哲学之贫困，又安能如此也！

　　正是：

说好没法比，

说坏皆狗屎。

若懂辩证法，

岂能竟如此！

2004年1月14日于糊涂斋

（原载《文汇读书周报》2004年1月23日）

假僧

佛教在中土传布史，相当复杂；如南宋时，和尚可以结婚、生子，妻曰"梵嫂"，堂而皇之，人不为怪。明清以降，和尚若未还俗即娶妻，被目为非法，人多讥之。犹忆1977年冬，笔者游安徽某名刹，晨起观僧众念经，听来颇觉荒腔走板，未久，即见二僧当场吵架，互骂"操你妈的×"，风景煞尽。盖经十年浩劫，和尚死者、改行者不知凡几，欲觅一真和尚，比觅一教授还难，故卖香农民，纷纷穿起袈裟当和尚矣，其伪可想而知。近闻友人言，河北某名寺之住持，居然亦是假和尚；伪称其女儿乃外甥女，携入寺中照料，识者嘲为"外甥女，即外生女"，传为笑谈。假和尚由不会念经而出任住持，可见造假之风升级矣。

其实，此种假住持，在文化、学术界又何尝少见？现在动辄横空出世之"首席科学家""首席学者"，又有几个名实相符？近日又冒出"首席学术大师"率众编纂一套大书，名曰《×藏》，尤其不通之至。正是：

花有清香月有阴，

禅房深处有假僧。

方内方外竞造假，

笑煞当年鲁智深！

2004年2月20日于铁槛寺

（原载《文汇读书周报》2004年2月27日）

文霸

　　长篇历史小说《张居正》问世以来，好评如潮，获得首届"姚雪垠长篇历史小说奖"，并入围茅盾文学奖，正在报上连载。最近马某在《文学评论》《中华读书报》上刊文，指责此书颠倒是非，把好人写成坏人，坏人写成好人，厚诬隆庆皇帝、高拱，粉饰改革家张居正等，一连串帽子，委实吓人；在一次学术研讨会上，此人更发言七十几分钟，痛斥《张居正》"是一部坏小说"。姑且不论如此粗暴之批评，与《张居正》实际相距太远，断难成立，值得注意者，《张居正》第四卷，他没有看，即将全书判死刑，岂能服人？遭人著文驳诘后，居然声称小说前三卷"与第四卷并无关联，其第四卷无论写成什么样子也丝毫不能改变前面三卷的这类弊病"。一部完整小说，岂能分割？小说终卷，尤为重要，故事之大结局，了结于此也。显然，马某论调，霸气十足。《张居正》根据史实，写张居正虽贵为内阁首辅、杰出之改革家，但在倡导反腐败同时，自身也干腐败勾当，乃招致改革失败之重要原因。小说写出此点，对今日之改革，甚具鉴戒意义。马某为否定《张居正》，公然说"那实际是作品对主人公（张居正）的另一粉饰点"。真乃欲加之罪，何患无辞！再次暴露霸气无遗。文评霸气，非马某始。王朔著文灭鲁迅、灭老舍、灭巴金，文坛记忆犹新。但到底灭了谁？人们笑谈中洞若观火，不过是灭人者自己在烂泥塘打滚，愈滚愈一塌糊涂而已。正是：

> 文坛无日不风波，
> 冷看霸气奈若何。
> 烂泥墙中猛打滚，
> 至此霸气方销磨。

2004年3月19日于塘畔

（原载《文汇读书周报》2004年3月29日）

后记

王春瑜

　　1996年初夏，我在上海。当时《文汇读书周报》的主管，请我吃饭，并送我几份报纸。常言道：吃了人家东西嘴软，拿了人家东西手软。于是我当场灵机一动，说：我在报上辟一专栏，名《新世说》，每篇几百字，采用梁启超式的文体，即半古文，评判世相。时下五花八门、千奇百怪的事层出不穷，让人叹息不止，因此就具笔名金生叹吧。我没有金圣叹的才气，但有的是看不惯丑恶现象而生的闷气，就让它发到《新世说》里，省得憋在心里。每篇配一幅漫画。赏饭者说好。我又说：倘读者哪天不喜欢这个专栏了，我立即取消。我生平最讨厌言而无信。返京后，我很快就将稿件寄出。由沪上一位漫画家配上插图，在这年的六月一日刊出。"六一"是儿童节，儿童是花朵，是未来，我很高兴：《新世说》开张大吉。

　　转眼间，《新世说》已进入第八个年头。它的先后二任责编何倩女士、朱自奋女士都很负责，按时寄来样报，并附笔写上一段话，问寒问暖。从第二篇起，由徐良瑛女士介绍，漫画家叶春旸先生为我插图。叶兄比我年长，为人木讷，言谈举止，毫无幽默感。但他的漫画，却很幽默，有不少插图，看了让人捧腹，使我的短文生色不少。显然是由于人为的原因，一度《新世说》的版面越排越小，插图成了尾花，这使我与春旸兄不快。但近年来，则有明显的改进。

叶春旸漫画像　丁聪画

　　本来，我打算每月写两篇，但很快就打消了这个念头。这不仅在于我在治史之余，还在别的报刊上辟有专栏，真的很忙。更主要的是，我以为，这样的文章还是少而精为好，写多了就难免降低文章的质量，也就是批评的分量。当然，这里说的少而精，只是努力的方向，不是说不才如我，每篇文章都是少而精。老实说，有的文章是我深有所感，并深思熟虑后写的，较有深度；有的文章，是偶有所感，匆匆写出的，就比较肤浅。七年多来，《新世说》只有三篇文章因故未能刊出（好在后来又在别的报刊"起死回生"），其余都风调雨顺，平安无恙。

　　感谢海峡文艺出版社为《新世说》的短文结集出版。

当然，收在这本集子中的文章，也有一小部分是发表在别的报刊、性质与《新世说》专栏文章相近的。《新世说》问世后，产生一定的影响，文坛有人猜测金生叹是谁？林东海先生曾当面问我"是不是何满子"？韩石山先生也曾当面问我"是不是你"？后来我在出版《续封神》这本杂文集的后记中，坦承金生叹就是我。何满子先生年过八秩，是古典文学界及杂文界的老前辈。林兄居然认为我写的短文，似乎是何满子老先生写的，如此抬爱，我屁股上的尾巴简直有蠢蠢欲翘之势。正是基于这种缘分吧，我请何老为本书作序，感谢何老很快写好寄来，使我受宠若惊。当然，我毕竟也快六十八岁了，久经沧海，尾巴至多是欲翘，而不会真的翘起来，敬请何老与读者宽心。

我也要感谢小丁老爷子聪先生。他已八十八岁高龄，仍然终日作画不辍，在百忙中为我画了漫画像，使我这个平头百姓，立马风光不少。

2004年3月于京华老牛堂